倉山満

自由主義憲法

草案と義解

藤原書店

はじめに——作成の経緯と趣旨

最初に本書の作成経緯を、お話ししておきましょう。

令和五年九月、旧知の浜田聡《さとし》参議院議員より、「自分として、独自の憲法草案を持っておきたいので、作成してほしい」との依頼があり、作成したのが本書で提示する「自由主義憲法草案」です。

その間の細かい経緯は省略しますが、倉山個人が浜田議員個人からの依頼で作成した、ということです。浜田先生はＮＨＫ党所属の議員ですが、ＮＨＫ党からの依頼ではないですし、私が所属（多くが主宰）する団体との関係でもなく、個人と個人の関係で作成しました。だから、本当に自由に、しがらみなく条文を作成できました。私が気を付けたのは、浜田議員の政治活動に悪影響を与えないようにすることだけ。それ以外は、憲法学者（憲政史研究者）としての良心にのみ基づいて、作成しました。浜田先生からの条件はただ一つ。「自由主義の憲法であること」でした。

私は倉山塾という憲政史を中心とした塾を開いていて、そこに「倉山塾弁護士会」という仲間がいて、三名の弁護士さんに協力してもらいました。村松恒雄、山本直道、横山賢司の三名の方々です。いずれも人格識見ともに優れた私の大事な仲間です。

この草案の原案は一章ごとに私が作成し、二週間に一度浜田事務所に参集し、倉山が一時間の講義の上で、浜田事務所のスタッフさんも含めて皆で討議を行いました。

我々で作成した条文案を、参議院法制局からも一か月の検討の上で意見をもらい、条文を最終修正したのが、本書冒頭に掲げる「自由主義憲法（草案）」です。

そして序章から終章がその解説です。伊藤博文の名で記された大日本帝国憲法の解説書である『憲法義解《ぎげ》』にあやかり、私は〝義解〟と呼んでいます。

広く、真の憲法論議を普及させるために、読みやすく講義調にしました。

では、〝真ではない〟憲法論議とは何か。世の中で行われている、日本国憲法の条文を変えるか変えないかに拘っている論争のことです。改憲派は「何が何でも日本国憲法の条文を変えるぞ。特に第九条を」と主張し、護憲派は「何が何でも日本国憲法の条文を変えないぞ。特に第九条を」と抵抗する論争のことです。両者は、イデオロギーが真っ向から対立しているのですが、論理構造はまったく同じです。条文、特に第九条に拘るのは結構ですが、内容が二の次になっています。だから私は、真の憲法論議を普及させたいと考え、自由主義憲法の草案と義解を世に問いたいと思うのです。

真の憲法論議とは何かは、本文をお読みいただくとして、出発点として拘った二つの要諦があります。

一つは、自由とは何かを政府が提示して国民に強制することのない、真に自由を保障する憲法であること。政府が「これが自由の定義です」と提示、それに国民を縛り付けて自由主義憲法を名乗るなど、滑稽です。自由とは何かを考える自由が、国民の一人ひとりに無ければ、どこにも自由は存在しません。

もう一つは、自由の最大の危機である国家の有事には、自由を守るべく国民が一丸となって協力する憲法であることです。もちろん、有事だからと政府が好き勝手をやっても良いわけではありません。いざと言う時だからこそ、国民が一時的な不自由を我慢して協力するのだから、なおさら政府が暴走してはならないのです。そんな政府を許せば、これも自由主義ではないでしょう。

なお、この憲法の正式名称は「日本国憲法」で、「自由主義憲法」は通称です。名前を踏襲します。しかし中身はガラッと変わります。条文よりもむしろ、その精神において。

明日、この自由主義憲法が実現することはあり得ません。なにしろ日本国憲法は、誤植も含めて一文字も変わってこなかったのですから。だからこそ、小手先の改憲案ではなく、理想を突き詰めたあるべき憲法典の条文を考えること、そして真の憲法論議につなげること自体に意味があると考えています。

浜田議員とは、多くの問題で協力関係にありました。参議院議員二名の少数政党で、よくぞここまでと思えるほど活躍されています。そして本書の元となった自由主義憲法草案作成作業を通じて、多くの成果をだしていただきました。私も微力ながら協力させていただいているので、欣快な気分となります。

いつか未来に憲法改正ができるとすれば、この「自由主義憲法」こそが「日本国憲法」となること、本当の意味での日本人の憲法を持つことを目指し、この本を手にとっていただいた読者の皆様に訴えたいと思います。

令和六年四月

倉山　満

自由主義憲法

目次

第二章　平和主義――国際法に基づいた憲法論議を

第三章　人権――本気で守る条文だけ書く

第六章　裁判所――本当に人権の砦にする

自由主義憲法

草案と義解

凡例

大日本帝国憲法および日本国憲法の条文の引用の表記については、原文どおりとするが、漢字については新字体にした。また、大日本帝国憲法については、読みやすいよう、原文のカタカナをひらがなに改めた箇所がある。

自由主義憲法草案

第一章　天　皇

第一条　天皇は、国家元首であり、日本国の統一と永続の象徴である。
第二条　皇位は、皇室典範の定めるところにより、男系の子孫がこれを継承する。
第三条　天皇の国事に関するすべての行為には、内閣が、その責任を負う。
第四条　天皇は、国政に関する権能を有しない。
第五条　皇室典範の定めるところにより摂政を置くときは、摂政は、天皇の名でその国事に関する行為を行う。
第六条　天皇は、衆議院及び参議院それぞれの選任に基づいて、衆議院議長及び参議院議長を任命する。

2　天皇は、衆議院の指名に基づいて、内閣総理大臣を任命する。
3　天皇は、内閣の指名に基づいて、最高裁判所の長たる裁判官を任命する。
第七条　天皇は、内閣の助言と承認により、左の国事に関する行為を行う。

一　祭祀及び儀式を行うこと。
二　憲法改正、法律、政令及び条約を公布すること。
三　国会を召集すること。
四　衆議院を解散すること。
五　国会議員の選挙の施行を公示すること。
六　国務大臣及び法律の定めるその他の官吏の任免並びに全権委任状及び大使及び公使の信任状を認証すること。
七　大赦、特赦、減刑、刑の執行の免除及び復権を認証すること。
八　栄典を授与すること。
九　批准書及び法律の定めるその他の外交文書を認証すること。
十　外国の大使及び公使を接受すること。

第二章　平和主義

第八条　日本国は、侵略を行わない。
　2　日本国は、軍を保有する。

第三章　国民の権利及び義務

第九条　人間の尊厳は、保護されなければならない。
第十条　日本国民の要件は、法律で定める。
第十一条　日本国民は、法律の定めるところにより、請願を行うことができる。
第十二条　日本国民は、法律に定める資格に応じ、公務員になることができる。
　2　衆議院議員若しくは参議院議員又は法律で定める特別の公務員の選挙権及び被選挙権は、日本国民固有の権利である。
　3　前項に規定する者の選挙については、普通選挙が保障される。
第十三条　日本国民は、心の中でいかなる宗教を信じることも自由である。
　2　他者の権利を損なう行動をとらない限り、いかなる権力も宗教活動や宗教的結社に対し制限を加え又は禁止してはならない。
第十四条　日本国民は、法律に反しない限り、表現の自由を有する。
2　日本国民は、法律に反しない限り、政治活動の自由を有する。
3　日本国民は、政党を結成する権利を有する。政党の要件は、法律で定める。
第十五条　日本国民は、法律で特別の定めをした場合を除き、通信の秘密を侵されない。
第十六条　日本国民は、法律の定める手続によらなければ、その生命若しくは自由を奪われ、又はその他の刑罰を科せられない。
第十七条　日本国民は、行政権力から独立した裁判官の裁判を受ける権利を奪われない。
2　日本国民は、抑留され、又は拘禁された後、無罪の判決を受けたときは、法律の定めるところにより、国にその補償を求めることができる。
第十八条　日本国民は、その住居、書類及び所持品について、侵入、捜索及び押収を受けることがない権利を、裁判所が発する令状がなければ、侵されない。令状の要件は、法律で定める。
第十九条　日本国民は、法律に反しない限り、居住、移転及び職業選択の自由を有する。
第二十条　日本国民は、その財産権を侵されない。

2　私有財産は、法律の定めるところにより、完全な補償の下にこれを公共のために用いることができる。

第二十一条　日本国民は、納税の義務を負う。この義務の内容は、法律で定める。

第二十二条　日本国民は、公益のため必要な役務に服する義務を負う。この義務の内容は、法律で定める。ただし、本章の規定に反することはできない。

第二十三条　この章に定める日本国民の権利は、国家緊急事態に際して、日本国民の擁護又は憲法保障のために、特別の法律によって制限することができる。

第四章　国　会

第二十四条　立法権は、国会に属する。国会は、衆議院及び参議院の両議院で構成される。

2　両議院は、この憲法及び法律に定めるもののほか、議院内部の整理に必要な規則を定めることができる。

第二十五条　衆議院は、法律の定めるところにより選挙された議員をもって構成される。

2　参議院は、法律の定めるところにより、選挙され、又は認証された議員をもって構成される。

3　何人も、同時に両議院の議員であることはできない。

第二十六条　国会は、毎年、これを召集する。

2　国会のうち、常会の会期は三か月以上とし、必要がある場合には、これを延長することができる。

第二十七条　内閣は、臨時緊急の必要があるときは、常会のほか、臨時会を召集することができる。臨時会の会期は、法律で定める。

2　いずれかの議院の総議員の四分の一以上の要求があった場合は、二十日以内に、臨時会が召集されなければならない。

第二十八条　国会の開会、閉会、休会及び会期の延長は、両議院同時に行われるものとする。

2　衆議院が解散されたときは、参議院は同時に閉会となる。

3　衆議院が解散されたときは、解散の日から四十日以内に、衆議院議員の総選挙を行い、その選挙の日から三十日以内に国会を召集しなければならない。

第二十九条　両議院は、それぞれその総議員の三分の一以上の出席がなければ、議事を開き議決することができない。

2　両議院の議事は、この憲法に特別の定めがある場合を除き、出席議員の過半数でこれを決し、可否同数のときは、議長の決するところによる。

3 衆議院で可決し、参議院で否決され、又は修正された法律案は、衆議院で出席議員の三分の二以上で再可決したときは、この憲法に特別の定のある場合を除いては、衆議院で可決したとおりの法律となる。

4 参議院が、衆議院の可決した法律案を受け取った後、国会休会中の期間を除いて六十日以内に、議決しないときは、衆議院は、参議院がその法律案を否決したものとみなすことができる。

5 条約について、参議院で衆議院と異なった議決をした場合、又は参議院が、衆議院の可決した条約を受け取った後、国会の休会中の期間を除いて三十日以内に議決しないときは、衆議院の議決を国会の議決とする。

第三十条 予算案は、先に衆議院に提出されなければならない。

2 参議院が衆議院の可決した予算案を否決し、若しくは修正した場合又は参議院が衆議院の可決した予算案を受け取った後、国会休会中の期間を除いて三十日以内に議決しないときは、衆議院の議決を国会の議決とする。

第三十一条 両議院の会議は、公開とする。ただし、議院の議決によって、秘密会とすることができる。
2　両議院は、各々その会議の記録を保存し、秘密会の記録の中で特に秘密を要すると認められるもの以外は、これを公表し、かつ一般に頒布しなければならない。
第三十二条　衆議院議員及び参議院議員は、国会の中で発言した意見及び投票行動について、院外において責任を問われない。ただし、議員自らがその発言を演説、出版、筆記その他の方法で国会外に知らせた場合には、この限りでない。
第三十三条　衆議院議員及び参議院議員は、現行犯又は内乱外患に関する罪を除き、国会の会期中、その議員の所属する議院が許可しない限り逮捕されない。
2　国会の会期前に逮捕された議員は、その議員の所属する議院が要求したときは、会期中、これを釈放しなければならない。
3　両議院は、各々その議員の資格に関する争訟を裁判する。但し、議員の議席を失わせるには、出席議員の三分の二以上の多数による議決を必要とする。
第三十四条　参議院は、法律の定めるところにより、常置委員会を設ける。参議院常置委員会は、次に掲げる事項を所管する。
一　憲法の条項の解釈をすること。

二　憲法の審判を行うこと。
三　憲法に附属する法令に関する事項を審議すること。
四　緊急政令に関する事項を審議すること。
五　罷免の訴追を受けた裁判官の弾劾裁判を行うこと。
六　検察官の公訴を提起しない処分の当否を審査すること。
七　前各号に掲げるもののほか、必要とされる案件を審議すること。

第五章　内　閣

第三十五条　行政権は、内閣に属する。
2　内閣は、法律の定めるところにより、その首長たる内閣総理大臣及びその他の国務大臣でこれを組織する。
3　内閣は、法律の規定を実施するために必要な政令を発することができる。ただし、憲法及び法律に反する内容の政令を発することはできない。
4　内閣は、国会に対してその責任を負う。
第三十六条　内閣総理大臣は、衆議院議員の中から衆議院の議決でこれを指名する。この指名は、他の全ての案件に先立ってこれを行う。

第三十七条　内閣総理大臣が国務大臣を指名するときは、その過半数を衆議院議員の中から選ばなければならない。

2　内閣総理大臣は、任意に国務大臣を罷免することができる。

第三十八条　内閣総理大臣が欠けたとき又は衆議院議員総選挙の後に初めて国会の召集があったときは、内閣は総辞職をしなければならない。

2　内閣は、衆議院で不信任の決議案が可決されたとき又は信任の決議案が否決されたときは、十日以内に衆議院が解散される場合を除き、総辞職をしなければならない。

3　前二項の場合には、内閣は、新たに内閣総理大臣が任命されるまで引き続きその職務を行う。

第三十九条　内閣総理大臣は、内閣を代表して議案を国会に提出し、一般国務及び外交関係について国会に報告し、並びに行政各部を指揮監督する。

2　内閣総理大臣は、法律の定めるところにより、軍の最高指揮権を有する。

3　内閣総理大臣その他の国務大臣は、いつでも両議院に出席し、発言することができる。

第四十条　内閣は、他の一般行政事務のほか、次に掲げる事務を行う。
一　法律を執行し、国務を総理すること。
二　外交関係を処理すること。
三　条約を締結すること。ただし、法律をもって定めることを要する事項に関わる条約又は国に重大な義務を負わせる条約を締結する場合には、国会の承認を必要とする。
四　国会の承認を得て、国際人道法が適用される状態を宣言し、及びその終結を宣言すること。ただし、内外の情勢によって国会の召集を待つことができない緊急の必要があるときには、参議院常置委員会の承認を得ることをもって、国会の承認を得たものとする。この場合においては、次の国会の会期において、国会にこれを報告し、その承認を求めるものとする。
五　法律の定める基準に従い、官吏に関する事務を掌理すること。
六　予算案を作成し、国会に提出すること。

第四十一条　内閣は、国家緊急事態を宣言することができる。この宣言の条件及び効力は、法律でこれを定める。

2　内閣は、公共の安全を保ち、又はその災いを避けるため、緊急の必要があり、かつ、国会が閉会し、停会し、又は休会して開けないときに限り、法律に代わる緊急政令を発することができる。

3　緊急政令を発するためには、法律の定めるところにより、参議院常置委員会の同意を得ることを必要とする。

4　内閣は、緊急政令を発した後、国会が開かれたときは、当該緊急政令について国会の承認を得なければならない。国会が当該緊急政令を承認しないときは、内閣は、三十日以内にその効力を失うことを公告しなければならない。

第六章　裁判所

第四十二条　司法権は、裁判所に属する。裁判所は、最高裁判所及び法律の定めるところにより設置する下級裁判所並びに特別裁判所をもって構成される。

2　特別裁判所の管轄に属すべきものは、法律で定める。

第四十三条　裁判官には、法律で定める資格を備える者を、内閣が任命する。

2　裁判官は、心身の故障又は、公の弾劾によらなければ、その身分を失わない。

第四十四条　裁判の対審及び判決は、法律の定めるところにより、公開法廷でこれを行う。

ただし、裁判所は、裁判官の全員一致で、公序良俗を害するおそれがあると決した場合には、対審は、公開しないでこれを行うことができる。

第七章　会　計

第四十五条　新たに租税を課し、又は現行の租税を変更するには、法律でこれを定めなければならない。
2　国費を支出し、又は国が債務を負担するには、国会の議決に基くことを必要とする。
第四十六条　国家の歳出及び歳入については、毎会計年度、予算をもって国会の議決を経なければならない。
2　予算には、避けることができない予算の不足を補うため、又は予算外に生じた必要な支出に充てるため、予備費を設けなくてはならない。
3　すべて予備費の支出については、事後に国会の承認を求めなければならない。
4　複数年度にわたる事業等特別の必要がある場合には、内閣は、あらかじめ年限を定め、継続費として国会の議決を求めることができる。
5　国会で予算案が審議されず、又は否決された場合には、内閣は、前年度の予算を執行することができる。

第四十七条　皇室経費のうち内廷の経費に限り、現在決まっている額を毎年国庫から支出する。

2　皇室経費を増やす場合には、国会の同意を必要とする。ただし、その場合以外においては、国会はこれに関与してはならない。

第四十八条　公共の安全を確保するために緊急の必要があり、かつ、国会が閉会し、又は休会して開けない場合には、内閣は、緊急政令によって会計上の必要な措置を執ることができる。なお、緊急政令によって会計上の必要な措置を執る場合においては、参議院常置委員会の同意を得ることを必要とする。

2　前項の規定により会計上の措置を執った場合に、同項の措置について、次の国会の会期において国会の同意を求めることを必要とする。

第四十九条　国家の歳出及び歳入の決算は、会計検査院が検査確定し、内閣は、その検査報告とともに、これを国会に提出しなければならない。

2　会計検査院の組織及び職権は、法律でこれを定める。

第八章　改　正

第五十条　この憲法を改正する必要があるときは、内閣総理大臣は憲法改正案の原案を国会に提出しなければならない。この場合において、衆議院及び参議院は、それぞれその総議員の五分の三以上が出席していなければ、憲法改正案の原案についての議事を開くことができない。

2　憲法改正案は、衆議院及び参議院の、それぞれの出席議員の五分の三以上をもって、国会がこれを発議し、国民に提案しなければならない。

3　国会が発議した憲法改正案は、国民投票により有効投票総数の過半数の賛成を得られた場合に成立する。

4　天皇は、国会が発議し、国民投票で過半数の賛成を得た憲法改正を、公布する。

第五十一条　皇室典範の改正は、国会の議決を必要としない。

2　憲法に反する内容の皇室典範を定めることはできない。

序章　そもそも憲法とは何か

――どのような憲法論議を行うのか

1 「憲法」と「憲法典」の違い――書かれた文字だけが憲法ではない

どのような憲法論議を行うのか。これを間違えると、何の話をしているのかわからなくなります。だから最初に、「憲法」の定義を明確にしておきます。

最初に勘違いしないようにしたいのは、憲法と憲法典の違いです。憲法とは、その国の国家体制、すなわち、歴史・文化・伝統そのものです。憲法典とは、法典ですから文字に書かれた部分です。憲法の中の、確認のために条文化した部分が、憲法典です。憲法典は憲法の一部です。たとえるならば、憲法という氷山があれば、水面に出ている部分が憲法典だと思ってください。憲法典は憲法という名の氷山の一角です。

日本国憲法をめぐるこれまでの憲法論議は、実際にはほとんどすべてが「憲法典論議」で終わってしまっています。憲法典論議に終始して、本当の意味での憲法論議をしてこなかったからです。

護憲派は「日本国憲法の条文を一字一句変えるな。特に第九条を！」と主張し、改憲派は「日本国憲法の条文を一字一句でも変えるぞ。特に第九条を！」と訴えてきました。同じ穴のムジナです。少なくとも頭の中身――と言うと失礼でしょうか――、論理構造は同じです。前文と百三条の条文から成る「日本国憲法」を、日本国の憲法のすべてだと思っている。憲法典など憲法の一部に過ぎないと認識していない時点で、既存の護憲派も改憲派も同じです。

では、なぜ日本国憲法の前文と百三条の条文を、日本国の憲法のすべてだと誤解してしまうのか。

この理由は簡単で、誤解させられているからです。

論より証拠。「アシベの憲法」として知られる、日本中の憲法の講座で、基本書とされる教科書があります。東京大学法学部の教授であった芦部信喜《あしべのぶよし》さんが書かれた『憲法』（岩波書店）です。版を重ねて、令和五（二〇二三）年九月には第八版が出されています。芦部さんがお亡くなりになってからは、判例だけ更新して版を重ねています。芦部さんのお弟子さんでこの本の補訂者でもある高橋和之《たかはしかずゆき》さんと三人の仲間、野中俊彦《のなかとしひこ》さん、中村睦男《なかむらむつお》さん、高見勝利《たかみかつとし》さんたちの教科書も使われていますが、基本構造や発想の大枠のところは、芦部さんとそれほど変わっていません。ちなみに、高橋さんと三人のお仲間は、俗に〝四人組〟と言われます。

実は「アシベの憲法」にすら、冒頭の四ページから五ページに「日本国憲法は日本国の憲法の全部ではない」と書いてあります。ただし、非常にわかりにくい。試しに原文で読んでみてください。多くの若者が法学部に入って、法律を、特に憲法を嫌いになれる文章です。

> 1　形式的意味の憲法と実質的意味の憲法
>
> 憲法の概念は多義的であるが、重要なものとして三つ挙げることができる。
>
> （一）形式的意味　これは、憲法という名前で呼ばれる成文の法典（憲法典）を意味する場合である。形式的意味の憲法と呼ばれる。たとえば、現代日本においては「日本国憲法」が

それにあたる。この意味の憲法は、その内容がどのようなものであるかには関わらない。

（二）実質的意味　これは、ある特定の内容をもった法を憲法と呼ぶ場合である。成文であると不文であるとを問わない。実質的意味の憲法と呼ばれる。この実質的意味の憲法には二つのものがある。

（1）固有の意味　国家の統治の基本を定めた法としての憲法であり、通常「固有の意味の憲法」と呼ばれる。国家は、いかなる社会・経済構造をとる場合でも、必ず政治権力とそれを行使する機関が存在しなければならないが、この機関、権力の組織と作用および相互の関係を規律する規範が、固有の意味の憲法である。この意味の憲法はいかなる時代のいかなる国家にも存在する。

（2）立憲的意味　実質的意味の憲法の第二は、自由主義に基づいて定められた国家の基礎法である。一般に「立憲的意味の憲法」あるいは「近代的意味の憲法」と言われる。一八世紀末の近代市民革命期に主張された、専断的な権力を制限して広く国民の権利を保障するという立憲主義の思想に基づく憲法である。その趣旨は、「権利の保障が確保されず、権力の分立が定められていない社会は、すべて憲法をもつものではない」と規定する有名な一七八九年フランス人権宣言一六条に示されている。この意味の憲法は、固有の意味の憲法とは異なり、歴史的な観念であり、その最も重要なねらいは、政治権力の組織化というよりも権力を制限して人権を保障することにある。

初見でわかる訳がありません。「重要なものとして三つ挙げることができる」と書いてあって、「(一)形式的意味、(二)実質的意味」とあるだけで、(三)が出てきません。どこにあるのかと探すと、(二)の中に(1)(2)と二つあるから「三つ」と言っています。新入社員が書いたら、上司に怒られるナンバリングです。

怖いのは、ここにウソは書いていないことです。ウソは書いていないのですが、並べ方を変えて、日本国憲法が日本の憲法のすべてであるかのように錯覚させられるように書いてあります。憲法学を初めて習う人で、日本語と論理的な思考ができる人はミスリードされるようになっています。

冒頭に記した、そもそも「憲法」とは何かというのは、「アシベの憲法」のこの部分を並べ直してわかりやすくしただけです。では、なぜ私がミスリードされることなく、わかりやすく並べ直すことができるのか。

私は大学で日本国憲法の教員をしていました。そういう人間で、日本国憲法より先に「大日本帝国憲法」を勉強した人間は、恐らく私一人ではないかと思います。改憲派の人で、どんなに「帝国憲法に戻せ。帝国憲法の改正憲法のほうが本来の憲法だ」と言う人でも、恐らくすべての人が、先に日本国憲法を習っているのだと思います、私以外。

日本国憲法を先に習うと、どうしても日本国憲法の発想がこびりつき、そこから離れられなくなるところがあるのですが、私は憲法を学ぶ最初に帝国憲法を、美濃部《みのべ》達吉《たつきち》先生、清水澄《とおる》先生、佐々木惣一《そういち》先生の主要著書を読むところから始めたので、日本国憲法がいかに異常な憲法であるかがよくわかります。三先生の代表作として、美濃部達吉『憲法撮要』（有斐閣、一九二三年）、清水澄『逐条帝国憲法講義』（松華堂書店、一九三三年）、佐々木惣一『日本憲法要論』（金刺芳流堂、一九三〇年）をあげておきます。

憲法は、文字に書かれているとは限りません。多くの日本人は、「文字に書かれている条文が大事である」と考えるかもしれませんが、本来の憲法学ではそういう考え方はしません。大事な点なので、まとめておきます。

・日本国憲法（前文と百三条の条文）は、日本国の憲法のすべてではない。
・憲法とは、国家体制（歴史・文化・伝統）そのもの（＝芦部の憲法に言う「実質的憲法」）である。
・憲法典は、その中の確認のために条文化した部分（＝芦部の憲法に言う「形式的憲法」）である。
・憲法典は憲法の一部であって、全部ではない。最後に確認する部分である。

本来、憲法典とは、憲法の中で確認する部分なのです。この「確認」が大事です。憲法の一部にすぎない日本国憲法の条文を、誤植も含めて一文字も変えられずにきたのが、日本国の改憲論議なのです。

ところで、論議以前の問題として、日本国憲法に誤植があるのを、いったいどれぐらいの日本人が知っているでしょうか。現行憲法第七条第四項に「国会議員の総選挙」とあります。この「総」の一文字が余計で、誤植です。「国会議員の総選挙」など、存在しません。なぜなら、衆参同日選挙でも、参議院の半分が残っているからです。日本国憲法の条文を変える・変えないの前に、知られていないことが多すぎるのです。国会議員でも、日本国憲法に誤植があることを知らない人がいました。実際、どれくらいの人が知っているか、アンケートを取ってみたいものです。

現在、「憲法」の語は二つの意味で使われています。一つは冒頭でお話しした、「憲法」の意味であり、もう一つは「憲法典」の意味です。

昔は、国家の最高法を形成する歴史、文化、伝統のことを「国体」と言いました。国家体制の略語で「国体」です。「国体」といった略語は右翼的だからイヤだと考える人は「国制」の言葉を使う人もいます。「国体」も「国制」も同じです。これが本来の「憲法」です。

それに対して、文字に書かれた大日本帝国憲法や日本国憲法を、つまりは憲法典を「憲法」とも呼ぶので、「憲法」をどちらの意味で使っているのか、ややこしいわけです。

ときどき、「憲法違反の憲法」などの言い方をする人がいるのですが、それを正確に言うなら「憲法違反の憲法典」、あるいは「国体違反の憲法」です。

憲法学者は「国体」という語がかなり曖昧に使われていたので避ける傾向がありました。それで、帝国憲法の本を読んでいると、頻繁に登場するのが「日本憲法」という語です。帝国憲法の本なのに、なぜ「日本国憲法」が出てくるのかと思ってよく見ると「日本憲法」と書いてある。本来の憲法の意味を表すのに「日本憲法」、そして憲法典の意味で「帝国憲法」と使っているわけです。佐々木惣一先生の代表作は『日本憲法要論』で、「日本憲法」について述べた大作です。

現状では、日本国憲法の条文をどうするかの議論はあっても、日本憲法をどうするかの議論がほとんどありません。

憲法の概念

憲法	憲法典
日本憲法	日本国憲法
国体	憲法
実質的憲法	形式的憲法

もう一度しつこく、ここまで話してきた内容をまとめます。

憲法、国体、日本憲法にあたるものが、芦部の憲法では「実質的憲法」と書いてあって、憲法典、憲法、日本国憲法にあたる部分は「形式的憲法」と書いてあります。

これを表にしておきましょう。

2　イギリスにおける〃憲法〃

憲法の原点を探る為に、〃憲政の母国〃イギリスの話をします。イギリスで近代憲法がはじまって世界中に広がっていきました。

よく「イギリスには憲法がない」と言われます。しかし、実質的憲法における意味の憲法はあるのです。形式的憲法があるのか無いのかと言えば、「日本国憲法」や「アメリカ合衆国憲法」などのように、まとまった形での憲法典はありません。かといって、完全に憲法典がどこにもないかといえば、「ここにあるのが憲法だ」といった具合に出てきます。

イギリスの憲法の本を読むと、何を以てイギリス憲法とするか自体に議論があるとわかります。イギリスではまとめ直そうとの話もあるのですが、極めて少数意見です。

このようなイギリスの運用は難しすぎます。伊藤博文が立憲政体調査にヨーロッパを訪れたとき、イギリスが世界の覇権国家なので文明国として本当は真似したいのだけれど、無理だと、あっという間に諦めました。イギリスのような運用はできないので、文字にしているのです。日本に限らず、世界中の国が。

それでも、プロトタイプ（起源）である、イギリス憲法がどういうものであるのかを知っておくのは非常に大事です。

世の中には、世界約二百カ国の憲法を比較する人がいます。そうした比較憲法の大家が、絶対に出してこない憲法が二つあります。一つがイギリス憲法。憲法典としてまとまっていないので比較のしようがありません。そしてもう一つが大日本帝国憲法です。自分の国の憲法と比較せずに、どうやって自分の国の憲法論議ができるのか、よくわかりませんが。外国の憲法典ではこうなっている、世界の多数がこうだから緊急事態条項は……などと言っても、それはどこまでいっても憲法典論議であって、憲法論議にはなりません。

イギリスにおける憲法は、普通の国の「国法」ぐらいの感覚だと思ってください。人によっては、国家体制の意味で「国制」と考える学者もいて、そういう人は憲法違反の語は使わず、「国制違反」の語を使っています。

標準的な国の憲法は硬性憲法（rigid constitution）と言って、法律よりも改正手続きが難しいのです。たとえば、日本であれば、法律が成立するには衆参それぞれで三分の一以上の議員が出席した本会議で過半数の賛成でよいのに比べ、憲法改正は衆参それぞれの総議員の三分の二以上の賛成と国民投票までくっついてきます。アメリカの場合は三分の二ではなく四分の三で日本よりも厳しい、などとなっています。

ところが、イギリスの場合はそういった特別な手続きがありません。そもそも、まとまった憲法典がないので、やりようがないのです。憲法といえども通常の法律と同じ手続きです。手続きは難しくないので、世界で唯一の軟性憲法（flexible constitution）と言われます。では、手続きが厳しくないからと、憲法が簡単に変えられるかと言えば、実際には強力な拘束を受けます。

法律の条文がどうこうであることによって縛るといった考え方をしないのが、イギリスです。では、イギリスの憲法の法源（法を守らねばならないと考える根拠）がどういうものかを、一つ一つ説明していきましょう。

①法源たりうる原理原則

もともとは、Common law と呼ばれ、常識に基づいて、裁判所の判例が積み重ねられて成った先例を積み重ねていき、法になっていきました。Common law を日本語で正確な訳語ができるかどうかは疑問なのですが、「慣習法」のことです。

先例にない事態も世の中には当然あります。それを救済する「Equity」、直訳すると「衡平《こうへい》」と呼ばれるもう一つの法体系があります。

Common law と Equity とによって成り立っていたのが、前近代のイギリスです。この Common law と Equity は、実は今も生きているのです。

アメリカ合衆国の保守派の人は、合衆国以前のインディアンと呼ばれた先住民に歴史を求めるのではなく、本国イギリスの Common law と Equity に歴史としての法源を求めます。アメリカのリベラルなどは絶対に認めませんが。逆にリベラルの人は、その時点での多数決で何を決めても良く、伝統だろうが何だろうが変えて良い、と考える傾向があります。

何を憲法とするか。それ自体が、その国の憲法観、歴史、文化、伝統に関わってきます。昨今、アメリカを中心に「分断」が言われます。この分断とは「何を憲法とするか」の対立であり、価値観の対立です。

②憲法観の合意

Common Law や Equity は英米法では重要ですが、あちらの人々の独特の概念です。それより、文明国全体で大事にされているのが、「何を国法とするのか」の合意、「憲法観の合意」です。イギリス法ではこれを「憲法律」と呼びます。

イギリスの場合、「法の支配」、「立憲君主制」、「議会主権」など、言葉は何であれ、これを我が国の法として認め合おう、それが根源だとする合意、国家の根本の法として認め合っている原則です。イギリスの憲法の教科書によっては「憲法律」としています。

イギリスの場合は歴史の中で革命を繰り広げながら、殺し合いを繰り広げながら確立していった原則です。王は神と自らが定めた法に従わねばならない（法の支配）や国王は統治するけれども支配はしない（立憲君主制）などです。ちなみに、よく言われる「君臨すれども統治せず」は誤訳だそうで、「統治すれども支配せず」が正確な訳だそうです。

これは日本流に言えば、まさに伊藤博文や井上毅《こわし》が帝国憲法を作るときに議論した、天皇は「シラス」存在であり、「ウシハク」する存在ではない、と同じです。「ウシハク」の語源は私有することで、実際に権力を振るうこと。「シラス」とは「治らす」と書き、治めることです。伊藤や井上は、一般的

天皇の存在

	シラス	ウシハク
本来の意味	統治	支配
一般的な用法	君臨	統治

な用法での「君臨すれども統治せず」と同じと考えました。ただし、その当時、明治時代には「シラス」「ウシハク」はすでに古語となっていて、一般的にはあまりにも馴染がなかったので「統治する」の言葉を使って、「大日本帝国は万世一系の天皇これを統治す」としたわけです。もっとも、いくら作った人が意味をわかっていても、人々が「支配」の意味で「統治」を使うようになってしまえば、意味がなくなってしまいます。

イギリスは「議会がすべてを決める」の意味で、「議会主権」を絶対の憲法律とします。ただし、「議会主権」と言っても、イギリスはほかの国とは「議会」の意味が違います。

日本の国会は衆議院と参議院で、三権の中の立法府、すなわち法律を作る場所です。イギリスも一部は同じで、衆議院と貴族院がそれに相当します。しかし、単なる立法府に留まらないのが、イギリス議会の特徴です。つい最近まで、最高裁は貴族院の最高委員会でした。つまり、司法権と立法権が融合していたのです。それを二〇〇〇年代にブレア元首相が分離しました。

今でも、衆議院の最高委員会が内閣です。権力を分裂させて再び融合させると極めて強い権力が生まれる「権力融合」の考え方があって、つまり、総選挙で示された民意によって行政の最高権力者である内閣を決めるのだ、とする考え方です。さらに、貴衆両院に国王を入れて「議会」と考え、そう呼んでいるのです。

イギリス革命は議会の上に国王が存在するのではなくて、〝国王も議会の中に入りなさい〟とする政治闘争があって、今に至っています。

国王は議会の決めた法律に拒否権を行使しない慣例を積み重ねて、もはや三百年。慣例が蓄積していき、国王は議会が決めたことを拒否しないので、逆に議会も国王を処刑する、王制を廃止するなど、そういったことはできないようになっているのです。

ときどき、「イギリス国王は議会が、王様の死刑執行書を法律として可決すれば、拒否できずサインしなければならない」などと言われるのですが、国王はそのようなロボットではなくて、文字に書かれていない憲法の部分で、そういうことはやってはいけないとなっているので、そんな法律は議会には作れない、という関係になっています。

③歴史的文書

イギリスでは歴史的文書は憲法として扱われ、特に「マグナ・カルタ」「権利請願」「権利章典」は三大文書と呼ばれます。歴史的文書とは、日本の聖徳太子が定めた「十七条憲法」と同じです。「マグナ・カルタ」に基づいて裁判が行われる、それが政治のルールになっているということではないわけですが、イギリス人はこれらを今でも「ここから憲法が始まった」として、憲法と見做しています。

こういうイギリスに対して日本では『十七条憲法』は憲法ではない」とするのが、政府公式見解です。

「十七条憲法」、「マグナ・カルタ」のどちらも、いかなる意味でも近代憲法ではありませんが、今でも生きている憲法にするのか、これは使わないから憲法でないとするのかは、その国の価値観です。

④憲法附属法

憲法は憲法典の条文だけで運用できるものではなく、それを生かす法律や、その他諸々の、たとえば予算や政令などが関わってきます。

日本でいえば、たとえば「皇室典範」が憲法附属法です。今でも日本国憲法に書かれている唯一の法律が「皇室典範」です。「皇室典範」は日本国憲法第二条「皇位は、世襲のものであつて、国会の議決した「皇室典範」の定めるところにより、これを継承する」を生かすための法律なのです。もっとも戦前においては、「皇室典範」は憲法と対等の、皇室の家法だったのですが。

また、憲法改正手続きは、最後には国民投票を行うとなっているので、そのためには国民投票法がなければ、憲法改正は絶対にできません。ところが、この国民投票法が成立したのは、第一次安倍晋三内閣（平成十九年公布）です。それまでは、仮に突如として衆参両院の三分の二の議員が「憲法改正しよう」と言い出しても、実行する法律が無かったのです。

憲法第九十六条は死文でした。それを生きた条文にしたのが、第一次安倍内閣です。「安倍さんほどの護憲派はいない」と言うと、護憲派にも改憲派にも驚かれますが、死文だった第九十六条に生命を吹き込んだのですから、これほどの護憲派はいません。

宮澤俊義『憲法』に記載されている憲法附属法

憲法に関連して制定した法 （同書 54 〜 55 頁）	実質的憲法の法律 （同書 65 〜 66 頁）
皇室典範	皇室典範
皇室経済法	皇室経済法
国会法	国会法
参議院議員選挙法	公職選挙法
内閣法	内閣法
行政官庁法	
地方自治法	
裁判所法	裁判所法
財政法	財政法
会計検査院法	会計検査院法
請願法	請願法
恩赦法	恩赦法
教育基本法	教育基本法
学校教育法	
	国籍法
	国家行政組織法
	国家公務員法
	検察庁法
	会計法

ちなみに、宮澤俊義『憲法』（有斐閣、一九五一年）に憲法附属法の一覧が載っています。

憲法附属法の筆頭に挙げられているのが、「皇室典範」です。日本国憲法に名称が明記されている唯一の法律です。

ちなみに、この著書の後に成立したので宮澤のリストにはないのですが、自衛隊法も憲法附属法です。

イギリスの場合は統一的憲法典がありませんので、「附属法」という概念がありません。重要な法律はそのまま「憲法的法律」となります。たとえば、王位継承法、議会法、選挙法などです。議会が通常の法律と同じ手続きで決めています。これらの憲法的法律を変えるのに特に厳しい手続きはないのですが、簡単には変えられません。これは後述する⑥の憲法習律があり、実質的には厳しい政治的制約があるからです。

⑤議会先例集

近代憲法下では議会があって、その議会は先例によって動いています。日本の国会では、何かやるのに先例が必要で、何かを変えるときにも理由が必要で、それが先例となっていきます。その先例がルールなので、多数派の横暴で議会を運営できないようにしています。

憲政の母国のイギリスでは、さらに進んで、議会先例集は憲法の一部です。

イギリスの場合は、アースキン・メイという人が、議会先例集をまとめました。初版が一八四四年の『議会の法、特権、議事と慣行に関する論文』です。彼の名前から『アースキン・メイ』と呼ばれるこの議会先例集は、そういった先例が文書としてまとまっていて、これも憲法と同じ権威を持っています。

⑥憲法習律

これは非常に難しい概念です。イギリス憲法の奥義と言っても良いかもしれません。憲法習律は「法体系に組み込まれた憲法上の慣例」と定義できます。いくつか例を挙げます。

先ほど出た「国王は貴衆両院の決定に拒否権を行使しない」は、実は慣例なのです。どこの条文にも書いていません。だから、ある日突然、国王は拒否することもできるのです。ただし、「責任をとれますか」と問われると、責任をとらねばなりません。過去には議会と対立して断頭台に送られた十七世紀のチャールズ一世のような王様もいますから、この問いかけは命懸けの緊張感を伴います。

他にも、「国王は首相の助言により衆議院を解散する」という憲法習律があります。その意味は、実質的にはイギリスでは解散権は首相が行使するのですが、あくまで国王の大権であって、首相の助言によって解散するとなっています。国王が首相の助言を聞かない場合、議会の決定を拒否するのと同じです。

日本の場合は、総理大臣が好き勝手なときに、「政敵がまだ選挙準備ができていないから」「野党の幹部が不倫して今なら勝てるだろうから」などといった理由で解散するのに、天皇は拒否権を行使できません。これらはイギリスなら間違いなく、「考え直せ」と言われるでしょう。首相は必ずしも国王の警告を聞く必要はないのですが、後の責任はすべて自分でとらねばなりません。

また、「国王は衆議院第一党の党首を首相に任命する」慣例があるだけで、日本国憲法のように首班指名の規定が詳細に書いてあるのとは違います。ここがイギリスと日本の典型的な違いであると同時に、合憲と違憲、立憲と非立憲の違いを説明するのに格好の例です。

日本国憲法の場合は、衆議院の多数派は必ずしも第一党の党首を総理大臣にしなくてよいのです。典型的なのが、細川護熙《もりひろ》（在任1993-94）、羽田孜《はたつとむ》（在任1994）、村山富市《とみいち》（在任1994-96）の歴代内閣です。これらの三つの内閣は民意とは関係なく、議会の中の多数派形成によって誕生しました。戦後の占領期にできた芦田均内閣（在任 1948.3-10）などもそうでした。つまり、第一党の党首ではないのに総理大臣になった人たちです。日本国憲法の条文には第一党党首を総理大臣にしなくてはいけないと書いていないので、これらの内閣は合憲か違憲かでいえば、合憲です。では、細川内閣ができたときのように、衆議院五百十一人分のうち三十五議席しか持たない第五党の党首を総理大臣にするような運用を日本国憲法が求めているか、つまり立憲か非立憲かでいえば、非立憲です。

帝国憲法のとき「合憲でも非立憲は許されない」との考え方で、大正期には護憲運動が起きました。この場合の護憲は憲法典の条文を墨守しようとの意味ではなく、「憲法典の条文を変えなくても構わないので、憲法の精神に則った運用をしよう」という政治的要求です。

明治の帝国憲法制定以来、藩閥官僚が総理大臣の地位をたらいまわしにしていました。日露戦争に勝つまでは国民は許容しましたが、日露戦争は国民全体の協力で勝利した国民戦争だったので、政治的権利を要求するようになったのです。

帝国憲法第十条に「天皇は文武官を任命す」とあるので、総理大臣の任命は天皇の大権です。ですから、議会の多数派を総理大臣にしなくても合憲です。しかし、民意を反映していない最高権力者の決定が憲法の精神に則っているのか。だから、天皇は総選挙によって示された民意により第一党党首を総理大臣に任命する慣例を積み重ねるのが立憲ではないか、との論理が示され、実現しました。大正末から昭和初期までの「憲政の常道」です。二大政党による議院内閣制の慣習である「憲政の常道」は、日本国憲法のように条文で書き込まれているわけではないという理由で評価が低いのですが、立派な憲法習律です。

この模範となったイギリスの例を紹介します。

総選挙が行われると、第一党党首が宮殿に行きます。ちなみに二〇二二年九月のエリザベス女王最後の大命降下は、女王がバッキンガム宮殿にいなかったので、夏の休暇で滞在していた女王の私邸の一つであるスコットランドのバルモラル城に、第一党党首のリズ・トラスが訪ねていきました。文字で決まっていないので、そういったフレキシブルな対応ができるのです。とにもかくにも、精神としては総選挙で勝った第一党の党首が国王のもとに報告に行く。宮殿に報告に行ったら、王様が「あなたを総理大臣にします」と任命します。

この一連の流れはさらに手が込んでいて、第一党党首は、行きは政党の私用車に乗り、帰りは公用車に乗って出てくるのです。ですから、第一党の党首以外が宮殿に乗り込もうとしても、宮殿に入れてもらえないのです。逆に、王様が第一党の党首が来たのに宮殿に入れないこともあり得るのです。ただし、責任がとれるなら、必ずしも杓子定規に守らなくて良い。実際に、一九三一年には第一党以外の人を宮殿に呼んだこともありました。現在でも「非立憲（普通の国で言う違憲）」との指摘もあるのですが、政治的には総選挙で国民に支持されたことで事なきを得ました。イギリスでは、「立憲か非立憲か」は、総選挙で示された民意が結論を下します。

イギリスには、「憲法典の条文があって、それを守っておけば良い」とする考えはありません。

あるのは、とにかく「責任を取るための政治をやりなさい」とする立憲主義です。それを支えるのが憲法習律という、憲法体系に組み込まれた慣例です。

帝国憲法下の日本ですら、「憲政の常道」がテロの頻発に際し放棄された昭和十年代に入っても、まだ憲法習律が残っていました。不信任された内閣が総選挙で敗れた場合、総辞職しなければなりませんでした。仮にそんな内閣が居座ったとしても、予算も法律も通らないので立ち行かなくなり、何もできずに辞めざるを得ないわけです。

総選挙によって示された民意の力には逆らえないように作ってあるのが、イギリスの憲法習律なのです。

⑦権威書

英国憲法では、権威書と呼ばれる権威ある古典的書物が、憲法としての権威を持ちます。事実上の公式解釈集です。挙げておきましょう。

Henry de Bracton, De Legibus et Consuetudinibus Anglicae (1250)

Sir Edward Coke, Institutes of the Laws of England (1628-1644)

Sir Matthew Hale, A History and Analysis of the Common Law of England (1713)

William Blackstone, Commentaries on the Laws of England (1765-1769)

Sir Thomas Erskine May, A Treatise upon the Law, Privileges, Proceedings and Usage of Parliament (1844)

Walter Bagehot, The English Constitution (1867)
Albert Venn Dicey, An Introduction to the Study of the Law of the Constitution (1885)
（幡新大実『イギリス憲法Ⅰ憲政』東信堂、二〇一三年、八五〜八六頁）

イギリス憲政の形成に重要な役割を果たした書物が並びます。先に紹介した、『アースキン・メイ』も入っています。そして最後の二つ、バジョットとダイシーは、英国憲法理解に必須の古典です。

バジョットの『英国憲政論』（原題『The English Constitution』）は、ビクトリア朝の憲法運用を、特に君主と臣下の在り方について、歴史に基づいて実践的に説いています。ちなみにバジョットの『英国憲政論』は、古くは『英国の国家構造』（深瀬基寛訳、清水弘文堂書房、一九六七年）、最近では『イギリス憲政論』（小松春雄訳、中央公論新社、二〇一一年。初版は一九七〇年）、『イギリス国制論』（遠山隆淑訳、岩波文庫上・下、二〇二三年）と、何度も翻訳されています。Constitutionを「憲法」と訳すのではなく、「国家構造」「憲政」「国制」と、訳者によって悩んでいるのがおわかりでしょうか。

ダイシーの『憲法序説』（『Introduction to the study of the law of the constitution』）は、近代イギリス憲法の体系書です。イギリス憲法学とは、ダイシーの『憲法序説』を頭に叩き込んだ上で、批判し、発展させることだそうで、〝ダイシー伝統〟と呼ばれます。単に権威者の権威書を宗教の聖典の如く扱う訓詁学ではありません。

しかし、バジョットとダイシーの著作に限らず、権威書には拘束力はありません。あるのは説得力だけです。

⑧判例

今でも判例は憲法の一部として積み重ねられていて、Common lawとEquityからの伝統になります。

イギリスの憲法の法源と考えられているものを一つ一つ見てきました。「イギリスには憲法がない」と軽く言ってくれる人は、この複雑な運用をご存知なのでしょうか。

世界の憲法から日本の憲法を見る

それはさておき、さすがにこれでは難しすぎるので、イギリス以外の国では統一的な憲法典があり、その上で法令や慣習があります。憲法典を骨だとすれば、他の部分は筋肉と言えるでしょう。いろいろな国はこのイギリスをプロトタイプとして自国なりの運用をしています。

たとえばドイツ憲法は、我が国で言うところの、教育基本法や財政基本法など、ナントカ基本といった法律のようなものも憲法と呼んでいるような運用です。だから、比較的頻繁に変えても良いようになっています。

オーストリアはドイツとともに、ナチスに乗っ取られた地獄の歴史があるので、主要政党が合意できないと国が乗っ取られるといった経験から、日本でいえば三党合意のようなものは憲法典に書き込んでおく伝統があるので、一四〇〇条ぐらいの条文があり、どこからどこまでが憲法なのか、よくわからない運用をしています。

時々、「ドイツやオーストリアは健全財政を憲法に書いているから、次の改憲で書き込もう」と主張する人がいるのですが、憲法典の性質からして違うので、考え直した方が良いでしょう。

憲法典に何をどこまで書き込むか自体が、その国の歴史、伝統、文化です。今や統一的憲法典を持たない文明国はイギリスだけで、世界的には憲法典の条文をどんどん書き込んでいこうとする人が多数派です。

今や「世界最古」に近い憲法典となった日本国憲法は、条文の数も、書かれている内容も少ないのは事実です。だから、改憲によりドンドン書き込んでいくべきだとするのが、リベラル派の改憲論で、いわゆる保守派の改憲論もそういった傾向があります。

では、憲法典に書いてあれば、それが実行されているのかといえば、明らかにそうではないわけです。中華人民共和国憲法にでさえ「人権」は書いてあり、ロシア憲法にでさえ「民主主義」は書いてあるのですから。

よくある議論で、リベラル派が言いだした「憲法は権力を縛るものだ」といった言い方は、特に安倍政治批判の文脈で多く使われていたがゆえに、改憲派には「それだけではないだろう」との反論があります。確かにそれだけではないのですが。

確かに「憲法は権力を縛るものだ」というのは正解。それは間違いない。それはどこの教科書にも書いてあります。しかし、それがすべてではないのも確かです。これもまた、どこの教科書にも書いてあるはずです。

憲法には「政治のルール」という側面があります。

ならば、「これ以上やってはいけないというところ」と「ここまではやっていい」というところの両方がなければルールとして成立しないわけです。これを芦部の憲法の言葉でいうと「制限規範」と「授権規範」です。憲法学の最初の頃に習う言葉です。憲法は権力を縛るものなのだけれども、それだけではありません。縛ること自体が目的であれば、ほぼ意味がありません。

大正時代の吉野作造《よしのさくぞう》の議論です。立憲主義の意義を説いた有名な「憲政の本義を説いて其有終の美を済《な》すの途を論ず」(『中央公論』大正五年一月号)の要点です。ここには、憲法典の条文にどんなことが書いてあっても、それが実質的に運用されていなければそれは近代国家の憲法とは言えないとされる、三つの事項が書いてあります。それは当時のまともな日本人全員の共通の見解になっていました。

一つ目が国民の権利尊重。人権と呼ぼうと他の呼び方だろうと何だろうと、実際に守られていなければ意味がありません。

二つ目に権力分立。特に、司法権分立です。司法権が行政権から分立していなければならない。この考え方は簡単です。司法権とは裁判官、裁判をする人です。無実かもしれない国民の運命を決める人です。それに対して、捜査して逮捕して裁判にかける、警察官や検察官は行政権です。無実かもしれない人を捜査・起訴して有罪にしようとしている人なので、そこが分離していなければ、国民の権利などは絶対に守れるわけがありません。

イギリスの場合も、最初に国王から司法権を取り上げるところから始まりました。部屋のど真ん中に星が描いてある〝スター・チェンバー〟と呼ばれる場所で王様が好き勝手な裁判をやっていたので、それを廃止させる。王様から裁判権を取り上げる。そこからイギリス革命が始まりました。

三つ目は、民選議員です。行政権力は直接国民に対して権力を振るいます。権力の振るい方には、たとえば、税金や保険料を取っていくなど、いろいろな方法があります。直接権力を振るう行政権力を監視するのが、選挙で選ばれた議会です。民選議員がなければ、監視できません。しかも行政権力が国民の権利を拘束する根拠が法律です。その法律を作るに際しては、選挙で選ばれた人の意見が入っていなければならない、とする考え方です。

二院制の場合、両方とも選挙で選ぶべきかどうかは別にして、少なくとも片一方は選挙で選ばなければ、国民の権利を縛ってはならないのです。

これら三つが実質的になければ近代国家の憲法ではない。本来の立憲主義とはこれです。ところが、今は「守ろうが守るまいが書き込め」とする、一九一九年にドイツにできたワイマール憲法以来の議論に世界的に引きずられていますけれども。

3 「前文」と「大原則」

前文をどうするか

次に前文のお話をしましょう。前文をどうするかを考える材料を提供します。

日本国憲法の前文の文言を読んで、「句読点がおかしい」「日本語になっていない」「中身は占領軍に対する詫び条文である」などなど、それはその通りです。それは読めばわかる。たとえば「われらは、いづれの国家も、自国のことのみに専念して他国を無視してはならないのであつて、（六十三文字省略）信ずる」とか、中学生の〝英文ド直訳〟のような下手さです。日本語にしたらおかしい。しかし、読んでわかる、国語としてわかるレベルの改正をいくらやっても、日本国憲法の条文に縛られる発想から一歩も逃れられていません。

あの前文は、政治のルールではありません。「平和を愛する諸国民を信頼して、民主主義国家として生きていきます」と言っているのを、政治のルールだと言えなくもないのですが、それで政治が具体的に動くわけではありません。実際に、前文を根拠に裁判に持ち込んできて、日本政府のやったことは前文違反だと言ったとしても、それは相手にされません。事実、「前文に書いてあることに反するぞ！」と訴えて門前払いになった、「長沼ナイキ裁判」というのがありましたが、詳細省略。

ところで、なぜ日本国憲法の前文がわけのわからない日本語になっているのか。それは、当時の日本政府がわざとやったからです。中学生が翻訳したようなぎこちない日本語をいきなり見せて、「GHQが日本政府に圧力をかけて、この憲法を作れと言っている」と暗に示したところ、当時のまともな日本人は全員が了解しました。

逆に、GHQのほうがそんなことをやれば、自分たちが押し付けたのがバレるからやめろと言い出しました。そんなストレートな言い方はしていませんが、日本側も日本側で、「いえいえ翻訳によって精神を捻じ曲げるようなことはしませんので、そのとおり訳しますから」と言ってやったものです。日本政府の確信犯的行為なのです。

それに比して、帝国憲法の前文です。「御告文《おつげぶみ》」と書いて「ごこうもん」と読みます。御告文は「皇朕レ謹ミ畏ミ」とはじまります。最初の「皇朕レ」がまず、「すめらわれ」とは読めません。これ、祝詞《のりと》ですし。

私の〝超訳〟です。御告文には「これまでご先祖様から日本国を受け継いできました。文明国としてこれから発展させるために、ここに皇室典範と帝国憲法を定め、私は守りますし、子孫たちにも守らせます」と書かれています。

日本国の歴史、文化、伝統のなかで政治のルールとして、国家の最高法としてそれを「統治の洪《こう》範《はん》」と昔は言いました。統治の規範（政治のルール）です。統治の規範としてここに文字にしました、と極めてスッキリしています。それに納得しない人はいるでしょうが、なぜ帝国憲法が日本国の最高の法なのか、理由は明確です。

日本国憲法が異常なのは、日本国憲法を、日本国の歴史、文化、伝統を破壊する目的で作っているからです。

だからダメと言っているのではないのです。ダメなのですが、全部がダメと言っているわけではなくて、それでも日本人の憲法典として運用しなければいけないので、最低限、なんとかできるように日本側も抵抗して、日本側から押し付けた部分もあるくらいなのです。たとえば、参議院の緊急集会の規定を定めた第五十四条は、当時は単に「法制局」と名乗っていた内閣法制局の皆さんが、GHQに押しかけて座り込みをやって、「これは入れてもらわなければ困る」と呑んでもらったとか。日本国憲法制定史に関しては、当時の佐藤達夫法制局第一部長が多くの回顧録を残していて詳しいので、基本書として読んでおいてください。ご本人の死後も整理され完成した『日本国憲法成立史』全四巻（有斐閣、一九六二〜九四年）をどうぞ。

日本側が改正した部分まで排除しては、癌細胞を除去しようとして健康な部分まで切断してしまうような話になってしまいます。

では、大原則として前文を一体どうするのかといった議論が出てくるわけです。どういうものを前文とするのか。具体論は最後にします。

大原則

もう一つ、根本の大原則をどうするか、それは要るのか、要らないのか。

条文ができれば、勝手に何大原則と言われてしまいます。今の日本国憲法の三大原則がまさにそうです。「国民主権」、「平和主義」、「基本的人権の尊重」がいつの間にか三大原則と言われるようになっていて、昭和二十年代、まだ、「自主憲法を制定するぞ」と言っていた時代でも、「この三大原則は次の憲法でも入れよう」といった議論が主流になっていました。

日本国憲法がこれまた異常なのは、三大原則と言われる、国民主権は前文と第一条に、平和主義が前文と第九条に、人権尊重が第十一条と第九十七条にあるのです。なぜ、こんなにバラバラなところにあるのか。それは、最初からバラバラなところにあったのを、憲法学者が勝手に「三大原則だ」としたからです。そしていつの間にか政府の有権解釈の如くなっているわけです。

憲法典の中から抽出されたエッセンスが、通説となっていき、何大原則となるのです。

帝国憲法の二大原則も、帝国憲法が運用されているうちに確立していったわけです。帝国憲法の二大原則は非常にわかりやすい。日本国は万世一系の天皇陛下がいて、その天皇陛下に統治権がある。これが帝国憲法の二大原則です。憲法第一条から第四条に集中しています。

いろいろな憲法学者がいて、私が学んだ美濃部、清水、佐々木は悉く論争しています。さらに、上杉慎吉《うえすぎしんきち》というわけがわからないながらも、東大法学部教授で憲法講座を持っていただけで学派を形成した変な人がいて、なおさらケンカします。

しかし、上杉も含め、その四人の一致した原則が、「大日本帝国憲法が皇室、天皇の存在を定めたのではない。帝国憲法以前から皇室は存在しているのであって、帝国憲法はその確認にすぎない」

です。

それが証拠に、天皇に統治権があるというのは、御告文と第一、第二条で確認できるわけです。ただし、天皇に統治権はあるのだけれども、実際に裁判をしたり、衆議院の解散総選挙を行ったり、法律を作ったりするのではなく、権力は臣下の者が振るって、責任も臣下が取りなさい。天皇が自分でやると責任が及ぶので。いざというときは別ですけど、と。

天皇の統治は、憲法に従います。「神聖不可侵」や「無答責」の言葉は、天皇は自分で権力を振るってはいけないと言っている言葉であって、第三条と第四条に書かれています。

二大原則なので、前文にあたる御告文と第一条から第四条に書いてあります。誰もが疑問を持たないように作られている、標準的な憲法典です。

統治権があるのに振るわないと、なぜわざわざそんなややこしいやり方をしたのか。平時しか考えていない日本国憲法とは違って、帝国憲法はイザという場合を考えていたからです。その究極のイザの最たる例が、終戦の御聖断です。ポツダム宣言を突きつけられて、国が亡ぶかどうかのときに、政府や軍部のお偉いさんたちは誰も決められない。だから、昭和天皇が受け入れると決めました。昭和天皇の御聖断を憲法違反だと言う人は一人もいません。第一条に天皇の統治権と書いてあるのですから。そのために、天皇の統治権は、普段は要らないものであったほうがいいのに、第一条に書いてあるわけです。

簡文憲法

ここまで述べてきたような根本的な議論をふまえた上で、自由主義の憲法案を作っていこうと考えています。

その際には、簡潔な文章の簡文憲法でいきたいと考えます。

世界的に見ると、どんどん文章を増やしていく、煩雑な文章の憲法である繁文《はんぶん》憲法になりつつあります。しかし、繁文憲法にしようとすれば、無限大に条文が増えていき、作業量が無駄に増えていって、結局は益がない、となりかねません。

また、人権規定を考える際に非常に重要になってくるのですが、国家が憲法典で「国民を保護します」と謳う条文を増やすのは、実は支配権を増やすのと裏表の関係なのです。本書を読んでいただければ、おわかりいただけると思います。それでは自由主義憲法にならないのではないかと考えるので、ぜひここは簡文憲法にしたいと考えています。

かつて、次世代の党が存在していたとき、自主憲法起草委員会顧問をさせていただき、そこで条文を作ったときに「五十一条憲法」を作ろうとしました。なぜ、五十一条なのか。

日本国憲法以外の日本国のほとんど、すべてといっていい憲法が、「十七条憲法」以来、十七の倍数なのです。大宝律令《たいほうりつりょう》も律（六巻）と令（十一巻）を足せば十七、鎌倉時代の御成敗式目《ごせいばいしきもく》は五十一条、室町の建武式目《けんむしきもく》は十七条、江戸幕府の最初の武家諸法度《ぶけしょはっと》はわざとはずしたのですが、新井白石《あらいはくせき》が起案したのは十七条で、禁中並公家諸法度《きんちゅうならびにくげしょはっと》は十七条、帝国憲法は七十六条で十七の倍数ではないと思いきや、第一章天皇は十七条です。

それに対して日本国憲法は百二条でとめておけば十七の倍数になっていたのに、無理に百三条になっているのです。

だから、自由主義憲法は十七の倍数の「五十一条憲法」を目指そうと考えています。

そして、具体論としての前文の話です。そもそも前文は要るでしょうか。前文を置くならば、誰が書くのでしょうか。

私は、前文を置くならば、天皇陛下のお言葉でなければならないと考えます。その理由は第一章をお読みいただければわかると思います。「自由主義憲法」の立場から言えば、国民の自由が脅かされるような危機において、最終的に民を守る役割を負っていただくのは、天皇陛下だからです。

だから今回は、前文の草案を提示しないことにします。

いずれにしても、憲法典論議ではない憲法論議の必要性を、おわかりいただけたでしょうか。

最後に、まとめておきます。

自由主義憲法草案作成の原則

・憲法典論議ではなく、憲法論議を行う。
・自由主義の憲法である。
・簡文憲法とする。
・条文の数は十七の倍数に。
・日本国憲法の三大原則にはこだわらない。
・前文を書かない。

第一章　天　皇

――究極的に国民を守るのは誰なのか

1 「天皇」とは何か──「憲法危機」を考える

日本国憲法の改正憲法を考える際、「天皇が現行の象徴規定のままで良いのか」「元首にするのか」といったことばかりが主な論点になってしまうのが常です。

しかし象徴とは、もともと元首のことです。それを日本国憲法下では解釈によって傀儡《かいらい》、ロボットなどの意味に運用してきたので、字句にとらわれてもあまり意味がありません。何よりも、日本国憲法の条文の改正にとらわれていると、日本国憲法の条文に無い、大事な点を見落としてしまいます。

天皇に関して何が大事なのか。そう言うと、天皇は御存在そのものが、日本の歴史・文化・伝統を象徴するので、歴史の講義から始めねばなりません。それはそれで大事なのですが、憲法は政治のルールですから、政治において天皇がなぜ大事なのかを理解しましょう。

政治の使命は、国家国民を守ることです。普段は、政府が政治を行う。でもその政府が暴走して国民を弾圧したり、逆に政府が力を無くして国民を守れなくなったりした場合、最終的に誰が責任を負うのか。日本国の本来の持ち主である、天皇です。

天皇の歴史上の位置づけは、「日本国の本来の持ち主」です。ただし、国民を持ち物として家畜のように扱ってはならないとしてきたのが、日本国の歴史であり、伝統であり、文化であり、掟です。「天皇と雖《いえど》も国民を家畜のように扱ってはならない」なんて紙に文字の条文で書いていませんが、当たり前すぎる掟だから書いていないだけです。

　国家国民を守るとは、最終的に安全保障の問題です。

　憲法論で、緊急事態条項をどうするか、あるいは、常に議論になる第九条などが話題になっても、なぜ「天皇」が憲法典の第一章にくるのかは話題にのぼりません。

　大日本帝国憲法も日本国憲法も、第一章は「天皇」です。統一憲法典を持つ世界の立憲君主国で、憲法の第一章に君主がくるのは、実は非常に珍しいのですが。

　ここで緊急事態と言いましたが、本当の緊急事態とは何か。憲法危機のことです。

　憲法典に「これはやっていい、やってはいけない」と書いて、秩序が形成されます。その秩序を転覆しようとするのが革命です。普通の国は、革命を起こす者、憲法秩序に挑む者の存在を想定しています。ちなみに、緊急事態は、憲法危機の下位概念もしくは一形態です。憲法危機とは単なる緊急事態ではなく、国が亡びるかどうかの危機です。

　具体例で言うと、日露戦争は平時ではなく有事ですが、憲法危機ではありません。一方で終戦の御聖断の直前は、国が亡びるかどうかの真の憲法危機です。

　では、世界の憲法ではどういった事態を想定して条文に盛り込んでいるか、あるいは、条文に盛り込まなくても考えているかを、主な国の例で見ていきます。

タイ

タイ王国も立憲君主制の国ですが、憲法典の第一章は総則で、第二章が国王です。

タイはクーデターが頻繁に起きるので有名で、日本の政権交代とほとんど同じ感覚で軍がクーデターを起こす国です。あまりに何度も起きるので、クーデターが起きたときの事態を想定しています。

二〇〇七年の憲法第七条（統治原則への準拠）には「いずれかの場合に本憲法に適用すべき規定がない時においては、国王を元首とする民主主義制度の統治慣習に従って判断する」と書かれています。

先代のプミポン国王の時代、クーデターが起きると、軍の首謀者と政府の指導者が国王の前に跪《ひざまず》いている映像がよく流れました。政府機能が崩壊した状態になれば、国王が本来の統治権者としてお出ましになるのが慣例化しているので、過去の慣例に従ってやってくださいと最初から想定しているのです。

ドイツ

ドイツは第一次世界大戦で敗れて帝政から共和政に移行してワイマール共和国となり、一九一九年に公布したワイマール憲法は、当時は世界で最も民主的と言われていました。

ワイマール共和国は世界で最も民主的と言われた条文を謳っているにもかかわらず、最後は独裁者のヒトラーが出てきました。ワイマール議会の民主的決定は、ヒトラー率いるナチス党の独裁を認めたのです。

ただし、ヒトラーの登場以前から、大統領が議会を飛び越して、緊急令によって統治しなければならないほどの大混乱状態でした。ワイマール共和国の大統領緊急令のような、通常の憲法秩序が通じない状態を「例外状態」と呼びました。ちなみに、昔は「例外状況」と訳したのですが、同じ内容です。

ワイマール共和国はもともと、小党乱立で通常の政争がひどすぎる上に、右翼と左翼が街中で機関銃を撃ち合って殺し合いをやっている、そういうところから始まった国ですから、よく十五年ももったものです。

こうした歴史の反省から西ドイツ、そして今のドイツは「戦う民主主義」を標榜しています。ドイツ基本法の第二十一条第二項に「政党で、その目的または党員の行動が自由で民主的な基本秩序を侵害もしくは除去し、または、ドイツ連邦共和国の存立を危くすることを目指すものは、違憲である。違憲の問題については、連邦憲法裁判所が決定する」と書いてあります。これは事実上、ナチスと共産党を非合法化する条文です。

今のドイツ人は「一時《いっとき》の多数決によってやってはいけないことがある」と規定しているのを以《もっ》て、「ヒトラーを反省している戦う民主主義」だと誇っているのです。

フランス

革命といえば、フランスを語らない訳にはいかないでしょう。現在の第五共和制憲法で何を書いているのか。本当に短い条文で、憲法第八十九条第五項に「共和政体は、改正の」対象とすることができない」とあります。つまり、共和制を変えたければ、革命を挑んできなさい、と書いていることになります。

そういうお国柄もあって、フランスは「王制→共和制→帝政、また王制に戻って」を二回繰り返しています。色んな数え方がありますが、十三回くらい革命的な事態が起きたのではないかとも考えられます。通常の政変などはもっとです。

それが証拠に、第二次世界大戦の日本と同時期の第三共和制フランスは一年続けば長期政権で、その状態を「やっと安定した」と言っていたのがフランスでした。大体、半年ぐらいで変わっていました。

こうした経験から、憲法典の条文で共和制の変更を否定しています。

戦前日本の治安維持法は、日本共産党を標的としてその禁止を目的とした法律で評判が悪いですが、今のドイツやフランスは似たような内容を強く憲法典に明記しているのです。

ドイツはナチスと共産党を、フランスは反共和主義政党を禁止しています。

イギリス

イギリス革命で、それまでは議会の上にいた国王を議会の中に取り込んだ革命以来の蓄積があり、非常に複雑な憲法秩序を作った話は序章で触れたので、そちらを参照してください。国王を議会の決定に従わせると同時に、王制の転覆も許していません。

アメリカ

アメリカ人の自己認識は「革命によって国を作った」です。アメリカ憲法は、「自分たちは武器を持って立ち上がり、政府を作ったのだ」との前提で書かれています。

アメリカの場合は、実はイギリス本国で相手にされない、イギリス人哲学者であり政治思想家であるジョン・ロックの思想にかなり影響を受けています。

ロックは「革命権」などという権利を唱えています。わかりやすくいえば、時の政府、あるいは、権力者が国民の同意を得ないで税金を取る、つまり、財産権を巻き上げるのであれば、その政府や権力者を暴力によって転覆していいとの考え方です。減税運動、増税反対運動によってできあがった国がアメリカ合衆国だという思想です。

アメリカは歴史的に、奴隷を認めない北部と認める南部が対立し、南部が連邦を離脱しようとしたので南北戦争になりました。結果、アブラハム・リンカーンが率いる北部が勝利、連邦離脱権を否定し、今に至ります。

大日本帝国

米英仏独と比べると、大日本帝国憲法は実はかなり穏やかです。天皇の独裁と勘違いされていますが、全然そうではありません。

もちろん天皇の権威を使って民衆を盲目的に従わせようとする役人や御用言論人は後を絶ちませんでしたが、帝国憲法の思想はまったく違います。

伊藤博文が自分の名前で書いた帝国憲法の解釈書『憲法義解』を読むと、一貫している思想は「君民共治《くんみんきょうち》」です。日本は天皇が国民を見捨てて、戦争のときに自分が真っ先に逃げていくような国ではありません。そんな国はいくつもありますが。また、国民が天皇を頂点とした政府を転覆してとってかわった例も一度もありません。主権者が誰であるかというならば、それは君民共治であろうというふうな考え方が、最もまともな人たちの考え方でした。

本当にいざというときに、日本が危なくなったときに日本を守るのは天皇陛下である、との考えなのです。

天皇が国民を守る。ただし、国民も天皇を守る。だから、「君民共治」なのだ。この絆こそが国体なのだという考え方を言っていたのが、京都帝国大学の佐々木惣一先生です。

佐々木門下全員に伝わっているのが「憲法典の条文に何を書こうが、国民が天皇を見捨てたときに、それを止める方法はない」との言葉です。

多数派の東大学派が「国体の否定は許されない」との考え方でした。これを憲法改正限界説と言います。それに対して、佐々木博士は、「そうは言っても物理的に国民が天皇を見捨てたときに、法律は無力なのだ」と法律の限界を強調されていました。これを憲法改正無限界説と言います。同時に、「国民が皇室を見捨てたら、そのとき日本は日本でなくなる」と、日々の不断の努力を強調されていました。結局、法律の条文で強制するのではなく、政治の問題だと考えたのです。

大日本帝国憲法時代、佐々木説は少数有力説にすぎませんでした。しかし、敗戦で占領軍がやってきて、帝国憲法の条文を全面的に（東大学派が変えてはならないとした第一条から第四条を含めて）変えてしまったら、事実として佐々木博士の主張が正しかったと証明されました。

佐々木博士の主張の大事な点は、「敗戦により憲法典の条文は変わったけれども、君民共治の日本の本当の国体は変わっていない」です。

まともな国のまともな憲法に共通するのは、憲法を守るのは憲法典の条文ではなく、政治の緊張であるのが前提である、との考えです。

法律家は、そこに条文があって、当然、拘束力があるとだけ考えるのが習性になっています。それはそうでなければ困るのですが、では、その法律を作るときの根拠とは何だというと、説得力です。憲法を守るのは政治の力です。

憲法が単なる法律ではなくて、「法律の法律」である所以《ゆえん》です。

2　新旧憲法比較――「天皇」は何をするのか

天皇は日本国憲法の条文で「象徴」とされ、その解釈は「ロボット」です。では、そのままでいいのか。あるいは「元首にしよう」と主張するのは良いのですが、戦前の天皇も、実際に権力を振るったわけではありません。ロボットでも権力者でもないから、立憲君主なのです。その比較から解説しましょう。

統治権

帝国憲法で、天皇はどう位置づけられているか。明快です。

天皇に統治権があるという歴史を、帝国憲法で確認したのであって、「帝国憲法によって天皇の統治権を認めてやったのだ」などと、おこがましい考え方をする人間は、当時は一人もいませんでした。

大日本帝国憲法は第一章が天皇で、十七条あります。伊藤博文の『憲法義解』の第十六条の解説を読むと、〝第四条から第十六条に大権を列挙してきたが、他にも鋳幣や度量の大権があるけれども、憲法は大枠だけを決めるので列挙しない〟と、本当はもっと増やせもするし、十六条で止めてもいいのだけど十七条にしたと、そうとしか読み取れないような記述があります。

伊藤博文が無理やり、十七の倍数にしているのです。

第一条は統治権の所在を書いています。ここでは「主権」の語は避けています。使っても使わなくても意味次第なのですが、「地上において神の権力を代行する無限の力」のような危険な意味もあるので、あえて使わないでおく、としたのです。

第二条で「皇男子孫」と、皇位の男系継承を規定しています。

第三条に「神聖不可侵《しんせいふかしん》」と書いてあります。この文字だけを読んで、宗教原理主義国家だったなどと考える変な人もいるようですが、「神聖不可侵」は、天皇に政治的責任をもっていってはいけない、だから、天皇は自分で権力を振るってはいけない、との意味です。

たとえば、天皇が衆議院を今解散しようと決めて、それが国民の反発を買えば、天皇の責任になります。あるいは、天皇が円安介入をするかと言い出して失敗すれば、責任が及びます。といったように、天皇自身は具体的な政治的権力を振るわない存在なのです。現実の政治は臣下が代わって行います。そのため、帝国憲法は第四章の第五十五条に国務大臣の副署規定があって、天皇の命令書であっても、大臣の副署がないものは無効であると、はっきり言っています。

第四条は「天皇は国の元首にして統治権を総攬し」と書いてありますが、そのすぐあとに続く「この憲法の条規によりこれを行う」の部分を読む人がほとんどいないのが問題です。天皇は立憲君主であると、はっきり書いているのです。

この第一条から第四条が、国体を明文化した条文であるとの解釈が一般的でした。

帝国憲法の天皇は、普段は儀礼を行う存在です。まず、自ら裁判を行うこともなければ、議会が作った法律を拒否した事例もないですし、具体的な行政をおこなった事実もありません。また、「統帥《とうすい》権の統率者」などのように言われながらも、天皇が軍に対して、作戦に関してああしろ、こうしろと直接命令を下したことはないのです。

唯一、二・二六事件が例外といえば例外でしょうか。しかし、あの事件も昭和天皇が実際に近衛師団を率いて反乱軍を鎮圧したわけではなく、鎮圧せよとの方針を示したわけで、実際に鎮圧したのは臣下です。

では、「普段ではないとき」とは、どういう事態なのか。これを「有事」と言っても良いでしょう。真の有事とは、この章の冒頭で言ったように、憲法秩序に対して挑戦する者が出てきて、その目論見がうまくいきそうになったときです。要するに、国が亡びそうになったとき、政府の機能が麻痺しているときです。真の〝緊急事態〟とは、政府機能が麻痺したような事態です。

明治天皇の時は、幸い、こうした事態はありませんでした。日清・日露戦争で政府機能は麻痺していません。明治天皇はどちらの大戦にも反対でしたが、政府全員が一致して開戦ですと言うので、「じゃあ、お前ら勝手にやれ」と御名御璽《ぎょめいぎょじ》されているわけです。

もし、あれが負け戦《いくさ》になって、日本がロシアに占領されそうになったとき、政府が何もできないとき、そうなったときが政府機能の麻痺です。

大正天皇の時に、関東大震災がありました。正確に言うと、大正天皇ご自身が御不例《ごふれい》で摂政がいて、しかも総理大臣が不在で、新総理予定者が組閣もできない状況でした。この例については第二章で詳しく触れます。関東大震災は天皇と首相が不在の状態だったのです。

政府機能が麻痺したときに、政府機能を回復する、最終的な切り札が天皇です。この運用についての詳細もあとで。

改めて確認します。帝国憲法では、普段の天皇は儀式を行う存在。いざというときは平和的な秩序を回復する存在です。

さて、今の日本国憲法がどうなっているかといえば、日本国憲法は敗戦押し付け憲法で、日本を潰す為に作った憲法だと、それはその通りです。いくら強調してもしすぎではないくらい、その通りです。ただし、それがすべてではないことも押さえなければなりません。

マッカーサーが横暴にも日本を潰そうと、日本国憲法を押し付けてきたのですが、その中にあっても、皇室と日本を守り抜こうと奮闘した人たちがいて、その試みが一部は成功しています。逆に、当のマッカーサーのほうが「これは帝国憲法の改正である」という体裁にこだわりました。それにはいろいろな理由があります。日本自身が帝国憲法の改正を行ったという形式を取り繕えば、占領統治はうまくいくとマッカーサーが判断したからです。

帝国憲法からガラッと変わった部分も多々ある一方で、変わっていない部分もまた少しはあります。一部改正、一部改悪。改悪のほうが九十九かもしれませんが、百ではないぐらいの感覚でいてください。改正した部分まで改悪に含めてしまったら、おかしな話になります。また、そこまで酷《ひど》くないから変えなくて良い、と考えられる部分もあるのです。

日本国憲法を見ていきます。

第一条の「象徴」は、元首のことです。マッカーサー自身が、そういう理解です。

序章に書いた「三大原則」に関連していうと、憲法学の教科書「芦部の憲法」では、三大原則の中に天皇が入っていなくて、国民主権は入っているのです。なぜ、そうなるのかの説明は、まったく私にはわかりません。憲法学者がそう決めたから、という以外の理由は考えられないのです。

第二条。これは帝国憲法と対照しながら見ていただきましょう。

帝国憲法
第二条　皇位ハ皇室典範ノ定ムル所ニ依リ皇男子孫之ヲ継承ス

日本国憲法
第二条　皇位は、世襲のものであつて、国会の議決した皇室典範の定めるところにより、これを継承する。

帝国憲法では「皇室典範」は帝国憲法と対等だったのが、日本国憲法ではただの法律に格下げになりました。

帝国憲法第七十四条を見ると、帝国憲法にあって、日本国憲法にないものが見えてきます。

帝国憲法
第七十四条　皇室典範ノ改正ハ帝国議会ノ議ヲ経ルヲ要セス
　　皇室典範ヲ以テ此ノ憲法ノ条規ヲ変更スルコトヲ得ス

帝国憲法第七十四条に、帝国議会は「皇室典範」の改正をすることはできない。また、「皇室典範」が憲法を改正することもできない、とあります。お互いが対等であり、干渉し合わないとするこの条文が日本国憲法からは消えているのです。

よって、帝国憲法を見ずに、日本国憲法の条文といくらにらめっこしても、この帝国憲法の第七十四条、すなわち、典憲体制は出てきませんし、「皇室典範」が日本国憲法の下であるのも変えられないわけです。

日本国憲法の第三条にある、「天皇は内閣の助言と承認によって国事行為を行う」とは何かというと、実はこれは帝国憲法の第三条と第五十五条を足して一つにした内容なのです。帝国憲法の、天皇は政治に関して責任を負わせられないので権力を振るうな。天皇の名前で何かをやるときは大臣の副署がなければいけません、と言うところの現代版が、今の憲法の第三条です。

帝国憲法
第三条　天皇ハ神聖ニシテ侵スヘカラス
第五十五条　国務各大臣ハ天皇ヲ輔弼シ其ノ責ニ任ス
凡テ法律勅令其ノ他国務ニ関ル詔勅ハ国務大臣ノ副署ヲ要ス

日本国憲法
第三条　天皇の国事に関するすべての行為には、内閣の助言と承認を必要とし、内閣が、その責任を負ふ。

日本国憲法の第四条は、条文自体が実は帝国憲法第四条「天皇はこの憲法の条規に従い統治する」の改正です。

日本国憲法
第四条　天皇は、この憲法の定める国事に関する行為のみを行ひ、国政に関する権能を有しない。
②　天皇は、法律の定めるところにより、その国事に関する行為を委任することができる。

しかし、問題はその運用です。

条文には「権能《けんのう》を有しない」と書いています。権能とは限界がない権限のことです。つまり、権限はないとは書いているのですが、「天皇は政治に影響力を行使してはならない」とはどこにも書いていません。結果的に政治に影響を及ぼして良いのが立憲君主国なのですが、日本ではしてはいけないとなっています。それは田中角栄内閣のときの、吉國《よしくに》一郎内閣法制局長官が「天皇ロボット説」を実質的に政府の有権解釈にしてしまってからなのです。

ここまで見たように、実は、日本国憲法の第一条から第四条までに、条文上はそれほどおかしな点はないのです。日本国憲法でさえ。

なぜならば、帝国憲法から日本国憲法になるときに、マッカーサーにガラッと変わるような改正をやれと言われても、当時の日本人が肝心の中身は絶対変えなかったからです。

なぜ変えなかったのか。ポツダム宣言を受け入れる唯一の条件が、国体護持でした。帝国憲法の第一条から第四条は、国体の明文化であると、憲法を少しでもわかった当時の人は、全員が知っていたからです。ですから、文言《もんごん》が変わっているように見えたとしても、これならなんとか運用ができると考えた線で守り抜いているのです。

当時の初代憲法担当大臣であった松本烝治《まつもとじょうじ》が作った帝国憲法の手直し案が、マッカーサーに拒否されました。逆に今度はマッカーサーのほうから草案を押し付けてきました。そのわけがわからない、〝マッカーサーの落書き〟としか言いようがない案を、第二代憲法担当大臣の金森徳次郎《かなもりとくじろう》以下、当時の法制局が、当時の佐藤達夫《たつお》法制局第一部長（後の長官）の言葉にもあるように、毬栗《いがぐり》のイガを抜くような作業をして、できあがったのが今の憲法なのです。

松本案を見ると、帝国憲法のどこに問題があると当時の人が考えていたかがわかります。たとえば、さすがに、「神聖」は響きで誤解を招くから「至尊」にしましょうかといった程度の手直しです。松本は「必要最小限度の改正」にしたと言っています（佐藤達夫『日本国憲法誕生記』中公文庫、一九九九年）。

実は、帝国憲法と日本国憲法のこの第一条から第四条、一見ガラッと変えているようで、運用によってどうとでもなるようにしている点は押さえておいてください。

ところで護憲派の憲法学者は比較憲法をやりたがりません。外国と比較すると、日本の憲法が異常な憲法であるとバレてしまうからです。

中には賢い外国人もいます。スペインは苦労して王政復古をやった国です。スペイン憲法第五十六条第一項には「国王は国家元首であり、国家の統一および永続性の象徴であって……」云々と書いてあります。このように書いておけば、文字通り「シンボル」の意味で使っているとわかります。

この第一項のように「国家の統一と永続性の象徴である」と書いておけば、「永遠の象徴」ですから、「そのときの主権の存する国民の総意により、皇室を廃止できる」などといった意味不明な解釈は出てこないでしょう。

ちなみに、スペイン憲法第五十六条第三項には、「国王の人格は不可侵であり、無答責である」とも書かれていて、これは帝国憲法の第三条と第五十五条を併せた規定です。

緊急時

いざというとき、憲法秩序が崩壊するような憲法危機を想定しているかといえば、帝国憲法ははっきり考えていました。実際に、それがうまく機能したので、大国であった大日本帝国はなくなったかもしれませんが、日本国は残っているのです。

これまで日本が直面した、憲法危機の具体的な事例は三回ありました。

一回目が今からちょうど百年前、大正十二（一九二三）年九月一日に起きた関東大震災です。大正天皇がご病気だったので、皇太子殿下が摂政であられました。のちの昭和天皇、迪宮裕仁《みちのみやひろひと》摂政です。

総理大臣の加藤友三郎《ともさぶろう》が亡くなったので、山本権兵衛《ごんべえ》に大命降下し、組閣の真っ最中に大震災が直撃しました。このときは永田町が壊滅し、首都機能が麻痺します。組閣から始めなければならないのですが、その状況でも合計百三十本にも及ぶ緊急勅令を出しました。

しかも、その第一号が戒厳令です。戒厳令とは、軍刑法を一般市民にも適用する状態です。災害時に困るのは火事場泥棒なので、軍人と同じような罰則を一般人にも課すぞと脅して秩序を保つのが、戒厳令です。最終的に、戒厳令を解除したのは七十七日目です。

二回目が、昭和十一（一九三六）年二月二十六日に起こった、クーデターもどきの暴動、二・二六事件です。総理大臣の死亡説が流れたものの、後で岡田啓介《けいすけ》首相は生きていたとわかったのですが、当初はパニック状態です。

この二・二六事件は実は四日で収束しています。総理大臣不在で政治家が何も決められない、軍高官も何も決められない。さらにいえば、海軍は戦艦長門《ながと》を東京湾に寄せて、陸軍に対して艦砲射撃する気満々でした。昭和天皇が「反乱軍を鎮圧せよ」と決断されたので、方針が定まり政府機能が回復しました。

三回目が、昭和二十（一九四五）年八月十四日の終戦の御聖断です。

なぜ対米戦争を終わらせられるのであれば、始めるときに止められないのかとの疑問を持つ人が多いのですが、開戦のときは政府機能が健在なのです。昭和天皇は徹底的に反対したのだけれども、政府が健在なので、それを天皇陛下が止めるのは「逆クーデター」です。逆クーデターを意味する「カウンタークーデター」という言葉があります。クーデターは、下の者が上の者を非合法な手段で倒して権力を握る行為です。その逆に、上の者が下の者に対してそれをやれば「カウンタークーデター」と言い、革命と同じ非合法行為です。そして昭和十六年の時点でカウンタークーデターが成功する見込みは、ありませんでした。

終戦の御聖断のときは、政府も軍も誰も決められない状態です。御前会議に七人がいて三対三で、最後は議長の総理大臣が決めなければいけないところを「ご覧のとおりです。あまりにも事が重大なので、陛下、決めてください」と、時の鈴木貫太郎《かんたろう》首相が天皇陛下に申し出たので、終戦の御聖断ができました。結果、天皇陛下の御聖断によってポツダム宣言を受け入れろと言えば、粛々と政府と軍がポツダム宣言の受諾を履行していきました。

ここで鈴木首相が「陛下、お決めください」と申し出たのは、〝瞬間的な大政奉還〟です。ポツダム宣言が受諾されれば、全国民が「陛下の大御心《おおみこころ》に従います」と平常の政府機能に戻っています。以後、軍を含めた政府は、降伏を遂行していきます。

それでも納得しない連中は皇居に乱入して、クーデターを起こそうとして、近衛師団長を殺しています。この一事を以って、開戦を止めるカウンタークーデターが不可能だろうとわかるでしょう。終戦でこれなのですから。

立憲君主が「政府機能が崩壊している」と判断し、適切な統治を命令するのは、極めて高度な政治技術です。法が何の役にも立たない時に秩序を回復するために、君主は存在するのです。

昭和天皇の御聖断を憲法違反だと言った人間は、いまだ一人もいません。当たり前の話で、第一条に統治権者は天皇と書いているのですから。普段は憲法に従うのですが、その憲法自体が機能しなくなれば、天皇陛下がその憲法秩序を回復するのです。そういうことを含めて、帝国憲法は考えられていました。

先ほどから「憲法秩序、憲法秩序」と繰り返していますが、憲法典の条文をどうやって守らせようかという話はあっても、憲法秩序そのものをどうやって守るかといった政治の議論がほぼ無いのが現状です。

では、今、日本国憲法で本当の危機が起きたらどうなるか。

在日米軍がいるから外国は攻めてこない。二・二六事件のようなクーデターが起きても、在日米軍が鎮圧するから問題ないと言うのでしょうか。しかし、問題は東日本大震災のときでした。相当、米軍にお世話になりました。本来なら、大震災や伝染病までアメリカ様のお世話になるわけにはいきません。アメリカだってやりたくありません。お願いだから、そんな対処は自分でやって、足手まといにならないでくれと、昭和二十五年に警察予備隊、のちの自衛隊ができて、今に至っているのですから。

皇室財産

天皇について話すときに、皇室財産の話もしなければなりません。帝国憲法第六十六条には、皇室財産には基本的に議会は関与するなとあります。ただし、皇室財産を増やすときは、国民の税金から使っているので、それは議会が関与しなければいけないとしています。

そもそも、皇室財産はどうしてあるのかというと、天皇の尊厳を保つためなので、議会の関与の例外としているのです。

明治天皇のときの皇室は、軍艦を作るかどうかで政府と議会が揉めたときに、宮中経費を削るから、これで作れと言えるぐらいの財産はありました。その代わりに、とてつもなく質素倹約、祭祀も最小限に絞りましたが。

翻って今はと言うと、皇室バッシングで、秋篠宮家に対しては何をやっても良いとする風潮があります。だから「東宮御所にいくらかかった」だの「金だのダイヤモンドだのがそこここに使われている」などと、まったくの庶民感覚で非難しています。しかし、外国とお付き合いがあるわけなので、その国で一番偉い皇族の方々が、みすぼらしい恰好をしていること自体が、安全保障の問題にかかわるのです。

以上をふまえた上で、日本国憲法第八条と第八十八条を見ておきます。

第八条　皇室に財産を譲り渡し、又は皇室が、財産を譲り受け、若しくは賜与することは、国会の議決に基かなければならない。

第八十八条　すべて皇室財産は、国に属する。すべて皇室の費用は、予算に計上して国会の議決を経なければならない。

第八条では、皇室は財産に関して、すべて国会で決めてもらわねばいけないとなっていて、もらうときも国会の許可がいるのです。すべての皇室財産は国の管理下に置かれるとされています。国会というよりも、実質的には役人です。

皇室財産に関しては、自前でお持ちいただき、国庫からの支出の額を増やすときのみ国会が関与するとした方が良いでしょう。国の象徴である方々が自前の財産を持っていてこそ、堂々たる振る舞いができるものです。今は窮屈すぎます。

国事行為――「立憲君主」とは何か

いざというときの話はしましたが、普段はどうなのでしょうか。

昔からもそうでしたが、今も天皇は儀式を行う存在となっていて、今の憲法でもこれもまた意外とあまり変わっていません。ところが日本人自らが「天皇ロボット説」を定着させました。

昭和二十七年、吉田茂が政敵の鳩山一郎の選挙準備ができる前に「抜き打ち解散」と呼ばれる解散をして、閣僚全員の署名も揃っていないのに、いきなり宮中に行き「天皇さん、解散するので御名御璽をお願いします」とやったのを指して、憲法学者の宮澤俊義が「天皇ロボット説」「天皇は内閣の使用人説」などと言い出したのです。事実として、その通りです。

帝国憲法の場合は、天皇陛下に本来の権限があって、臣下は代わって行使させていただくとする運用です。今でもイギリスなどは、その建前です。

たとえば、首相の衆議院解散権を考えます。

イギリスなら吉田のような解散をしようとすれば、国王に叱られて引き止められるだろうとの話は序章にも書きましたが、日本の場合は間違いなくそんな事態は起き得ません。なぜなら、天皇ロボット説に守られた総理大臣のほうが「陛下、それは憲法違反です」と言えてしまうからです。

イギリスなどは「総理大臣の助言によって国王が解散する」であって、国王に解散権があります。

日本国憲法もよく見ると、天皇が衆議院の解散権を持っています。本当に天皇陛下が総理の解散を拒否した場合はどうなるかは、やってみないとわからないとしか言えません。天皇ロボット説が浸透しているので、おそらく解散されるでしょうが。

近代の立憲君主を知らなければ、傀儡と同じではないかと多くの人が勘違いしてしまいます。実際に、明治天皇は帝国憲法を受け入れるときに、「それは朕《ちん》に操り人形になれとの意味か」との誤解をしています。それは当然です。どこの国でも国王が権力を振るって、それを奪いにいく臣下の歴史です。

立憲君主がどのような存在なのか、比較で確認しておきます。

独裁者の君主は権限があるので、権力を振るいます。それに対して、傀儡《かいらい》は権限があるのに権力をふるわせてもらえないのです。正確に言うと、権限があろうがなかろうが、権力をふるわせてもらえない可哀想な人です。

それに対して、立憲君主とは権限があるのに、その権限を自ら臣下に委任している存在です。序章で触れた帝国憲法の御告文《ごこうもん》がまさにそれです。この「権限があるのに」が、非常に大事なところです。

ですから、あくまで臣下に預けているだけなので、本当にいざというとき、その預けた臣下の側がどうにもできなくなったときは、本来の統治権者として本来の権力を振るうべく、百年に一度あっては困るような危機に備えていただく存在が、立憲君主なのです。

タイはそういうことがしょっちゅうあります。明治天皇は幸い、それが一回もなかった。昭和天皇は残念ながら、十年ぐらいの間に二回も行動させられたわけです。

天皇陛下に責任をもっていかないのが、戦前の立憲主義です。

序章でイギリスの権威書として紹介した、世界的権威のウォルター・バジョットの『英国憲政論』の中で、立憲君主は政治的に影響力を行使して良いと書いてあるどころか、その影響力の行使の仕方を、マニュアルのごとく多々書いているのです。賢明な君主は、「警告・激励・被諮問」の三つの権利を行使して影響力を行使できるとするのです。

そのバジョットの説くところを、上皇陛下は間違いなくおわかりです。たとえば、〝ビデオメッセージ〟と称される玉音放送があります。東日本大震災のときに、バジョットが言う「激励権」を行使しているのです。未曾有《みぞう》の、千年に一度の大震災で国民が困っているときに、天皇陛下が真っ先に逃げたぞとデマまで流れている状況でした。自分は国民とともにある、東京から逃げない、国民を見捨てて逃げるわけがないだろうと、そうは言わずに黙ってお示しになられたのが、あのビデオメッセージこと、玉音放送なわけです。あれは「激励権」の行使です。

それをああいう公開の場でするかどうかは、また異例なのですが、していけないわけではない。だから、国民が励まされた、政治的な効果です。政治に影響力を行使しましたが、誰も問題にしていません。

そして、二回目は御譲位に関するビデオメッセージ。それを当時の内閣法制局と安倍内閣は、天皇の言葉によって譲位が実現したという形にならないよう、徹底的に押し込めようとして、「国民の同意が条件だ」と言ったわけです。

天皇ロボット説をめぐる攻防は御譲位のときにありました。未だに、天皇ロボット説が政府の有権解釈のようですが。

今の日本国憲法では天皇を、儀式を行う存在としてのみ規定していて、有事については何も考えていません。

日本国憲法の第五条は摂政規定で、帝国憲法のままです。ここでは特に触れません。

日本国憲法の第六条と第七条は、帝国憲法の第五条から第十六条を二つにまとめた条文です。ここで大事なことは、マッカーサー自身も帝国憲法の改正の体裁は守りたかった。だから、章立てが帝国憲法のままになっているのです。

あとは、地方自治を入れたり、戦争放棄を入れたりするなどはあったとしても、基本的には帝国憲法のままです。特に天皇のところは、日本側が最も抵抗したところなので、そんなに変わってはいません。運用次第で何とでもできるようにしています。

だから、天皇ロボット説のような解釈をさせないことと、緊急事態への備えが、天皇条項の急所です。

3 緊急事態を想定していなければ、なぜ恐いのか――帝国憲法の条文参照

日本国憲法は事実上の緊急事態が何も書いていていません。

帝国憲法では、戦争、内乱、大震災、その他諸々の国家事変があったとき、対処するのは行政権力を握っている国務大臣です。

その国務大臣の集まりの内閣でも何をやっても良いわけではなく、議会が決めた法律に基づいて行います。そして、議会は貴族院と衆議院の二院制になっていて、極端な議決はさせないようになっています。その議会が開けないときは、内閣は枢密院に諮《はか》って、緊急勅令を出します。勅令は天皇陛下の命令で、法律より上だと勘違いする人がいるのですが、緊急勅令とは今の政令です。ちなみに自民党改憲試案では「緊急政令」の語を使っています。

関東大震災のときは、その枢密院も開けませんでした。そして、終戦の御聖断のときは、枢密院を事実上、飛ばしているのです。御前会議一本で、枢密院議長がいるから枢密院も聞いている扱いにしておこうとする、かなり強引な手段で行っているのです。とはいうものの、一応、枢密院がいました。

その枢密院も機能しないときの、最後に出てくる切り札が天皇陛下なのです。

帝国憲法の危機対応は、内閣、議会、枢密院、天皇と、四段構えになっています。衆議院と貴族

院を二つに分ければ五段構えと言ってもいいくらいです。
そこに見られるのは、有事だからといって何をやっても良いとはならない、という思想です。日本国憲法も世界的にはかなり簡潔な条文だと、今は言われています。帝国憲法はさらに短い。ところが、第八条だけが非常に長いのです。これは緊急勅令の規定です。

第八条　天皇ハ公共ノ安全ヲ保持シ又ハ其ノ災厄ヲ避クル為緊急ノ必要ニ由リ帝国議会閉会ノ場合ニ於テ法律ニ代ルヘキ勅令ヲ発ス
此ノ勅令ハ次ノ会期ニ於テ帝国議会ニ提出スヘシ若議会ニ於テ承諾セサルトキハ政府ハ将来ニ向テ其ノ効力ヲ失フコトヲ公布スヘシ

昔は、国民を「陛下の赤子《せきし》」と言い、「一君万民《いっくんばんみん》」で、一人の天皇と、すべての日本国民は、天皇陛下の前で全員が平等であるという思想がありました。『憲法義解』でも〝民と書いて「たから」と読んだ〟と日本の国柄を記しています。緊急時だからといって、時の政府が緊急時を理由に何をやっても良いというわけではない。陛下の赤子に対して、陛下の政府だから何をやっても良いわけではないとする規定になっているのです。

第十四条　天皇ハ戒厳ヲ宣告ス

戒厳ノ要件及効力ハ法律ヲ以テ之ヲ定ム

第十四条の戒厳令の規定は二項になっています。国民の代表である議会が同意しないような中身の戒厳はダメとしているわけです。もっとも、今これをやれば、国会にすべてを委任してしまって良いのかという問題になってしまいますが。

しかも、自民党が必ず国会で多数派になる前提で考えるとなると、帝国憲法の発想をそのままは適用できません。そもそも議会に権力がない前提のところから作っていこうとする時代の条文と、一つの政党が絶対に選挙で勝つのを前提にしている議会で、同じ事態を考えるわけにはいきません。その自民党も緊急事態条項を改憲案で記しています。結論から言うと、自民党改憲案通りやると、平時は何もできません。ただし、「今がいざというときだ」と、国民感情が認識したパニック状態になると、政府は万能の状態になってしまいます。

コロナ禍を経験した私たちには容易に想像できると思います。コロナ禍は危機だとの前提が一斉に広がった。これが本当に危機かどうかの検証など誰もしていません。みんなが危機だと思った、その状況が危機なのです。それで、「政府は何をやってもいいじゃないか」となりました。

一例を挙げます。本来ならば、医師法で認められた人でなければ注射を打ってはいけません。ワクチンの打ち手が必要だが、足りない。だから、医師や看護師など注射を打てる人の代わりに注射を打てるようにしましょうと言って、本来は注射が打てない歯科医師が打てるようにしたのです。

これを通達でやっています。

あの状況で、「ワクチンの打ち手を確保しなければならない」との前提が共有された場合、立憲主義を守る為にはどうすれば良かったでしょうか。

本当にそれが必要なのであれば、午前中に衆議院を通して、午後に参議院を通して、医師法の特例条文を作ればよかったのです。たったそれだけです。その手続きにかける時間でどれほどの被害もでません。日ごろ立憲主義を守れと主張していた人が、パニック状態で政府に白紙委任するのに反対の声をあげなかった。ここでは、本当にワクチン接種が必要だったかという中身には触れません。手続き論です。なぜ、ほぼ全政党が合意しているのに、たったこれだけのことをやらなかったのか。国会を開けない状態でもないのに。政策の検証は、後でやればよいのです。

国会を開ける状態で機能しないなら、何の為の国会で、憲法か。

自民党改憲案を見ると、この欠陥通りの事態が今、まさに現在進行形で起きているのです。本当に、いきなり内閣が何でもできてしまうという欠陥なのですが、実際、すでにやっているので、この改憲案にする意味がいったい、あるのだろうかと思ってしまいます。

4　自由主義憲法草案　条文解説

ここから、それぞれのお題にしたがって、自由主義憲法草案を解説していきます。前が日本国憲法、後が自由主義憲法草案です。

第一条　天皇は、日本国の象徴であり日本国民統合の象徴であつて、この地位は、主権の存する日本国民の総意に基く。

第一条　天皇は、国家元首であり、日本国の統一と永続の象徴である。

そもそもスペイン憲法が日本国憲法第一条の改正憲法なので、本当に変えたいのであれば、スペイン憲法を輸入するのが一番利口なのではないかなと思います。お互い、輸入し合えば良いと考えます。

第二条　皇位は、世襲のものであつて、国会の議決した皇室典範の定めるところにより、これを継承する。

第二条　皇位は、皇室典範の定めるところにより、男系の子孫がこれを継承する。

今の憲法では「国会の議決した皇室典範」となっていて、帝国憲法の「皇男子孫」が抜けてしまっているので、何をやっても良いことになっています。そして、内閣法制局の解釈次第で男系でなくても、女系でも良いと勝手に変えるなどもできてしまうので、変えるのであれば、はっきり「男系の子孫」と明記して良いかと考えます。

第三条　天皇の国事に関するすべての行為には、内閣の助言と承認を必要とし、内閣が、その責任を負ふ。

第三条　天皇の国事に関するすべての行為には、内閣が、その責任を負う。

第三条は歴史的仮名遣いを現代仮名遣いにするぐらいでいいでしょう。助言と承認はなくても意味が通じます。

第四条　天皇は、この憲法の定める国事に関する行為のみを行ひ、国政に関する権能を有しない。
②　天皇は、法律の定めるところにより、その国事に関する行為を委任することができる。

第四条　天皇は、国政に関する権能を有しない。

第四条は余計な語句を削っただけです。第二項などは要るかどうか、意味不明な条文なので入れていません。

第五条　皇室典範の定めるところにより摂政を置くときは、摂政は、天皇の名でその国事に関する行為を行ふ。この場合には、前条第一項の規定を準用する。

第五条　皇室典範の定めるところにより摂政を置くときは、摂政は、天皇の名でその国事に関する行為を行う。

第五条は摂政に関する条文です。余計な語句を削るのと、歴史的仮名遣いを現代仮名遣いに直します。

第六条　天皇は、国会の指名に基いて、内閣総理大臣を任命する。
②　天皇は、内閣の指名に基いて、最高裁判所の長たる裁判官を任命する。

第六条　天皇は、衆議院及び参議院それぞれの選任に基づいて、衆議院議長及び参議院議長を任命する。

2　天皇は、衆議院の指名に基づいて、内閣総理大臣を任命する。
3　天皇は、内閣の指名に基づいて、最高裁判所の長たる裁判官を任命する。

現行第六条に、両院議長を足しました。現行憲法第五十八条で両院議長の選任規定があるのですが、これまでの運用で「国権の最高機関の長」とされてきたので、内閣総理大臣と最高裁長官の前に、天皇に任命される存在に条文上で格上げしました。

第七条　天皇は、内閣の助言と承認により、国民のために、左の国事に関する行為を行ふ。
一　憲法改正、法律、政令及び条約を公布すること。
二　国会を召集すること。
三　衆議院を解散すること。
四　国会議員の総選挙の施行を公示すること。
五　国務大臣及び法律の定めるその他の官吏の任免並びに全権委任状及び大使及び公使の信任状を認証すること。
六　大赦、特赦、減刑、刑の執行の免除及び復権を認証すること。
七　栄典を授与すること。
八　批准書及び法律の定めるその他の外交文書を認証すること。

九　外国の大使及び公使を接受すること。
十　儀式を行ふこと。

第七条　天皇は、内閣の進言と承認により、左の国事に関する行為を行う。
一　祭祀及び儀式を行うこと。
二　憲法改正、法律、政令及び条約を公布すること。
三　国会を召集すること。
四　衆議院を解散すること。
五　国会議員の選挙の施行を公示すること。
六　国務大臣及び法律の定めるその他の官吏の任免並びに全権委任状及び大使及び公使の信任状を認証すること。
七　大赦、特赦、減刑、刑の執行の免除及び復権を認証すること。
八　栄典を授与すること。
九　批准書及び法律の定めるその他の外交文書を認証すること。
十　外国の大使及び公使を接受すること。

第七条で大事なことは、現行第十号の儀式を第一号に格上げし、「祭祀」を明記することです。

現行憲法の運用で、祭祀はよくわからない扱いにされていますので。

他は、現行の第七条第四項の「総」の字を一文字取るので良いかなと思います。

この条文だと、文理解釈上は補欠選挙も含みえますが、既に定着している慣行を引き継いで、衆議院の総選挙と参議院の通常選挙だけを、天皇が国事行為として行うことになるでしょう。

もっとも、最近の補欠選挙は国政を左右する重要な選挙が続いていますから、補欠選挙の公示を国事行為とする慣例にするかどうかは、未来の日本人に委ねて良いと思います。

第八条　削除

第〇〇条　皇室経費のうち内廷の経費に限り、現在決まっている額を毎年国庫から支出する。

2　皇室経費を増やす場合には、国会の同意を必要とする。ただし、その場合以外においては、国会はこれに関与してはならない。

第〇〇条と書いていますが、これは帝国憲法第六十六条の改正規定です。「内廷の経費に限り」の語句は先ほど触れた松本案です。最終的には第四十七条に入れました。

今の皇室の財産、経費のあり方はいろいろと問題です。つまり、大嘗祭《だいじょうさい》を国が行うのか、皇室で行うのかに関して、それぞれ一長一短が今の憲法で現れてしまうわけです。財産を皇室から召し上げているので、国が応援しないと立派にはできない。かといって、国に金を出してもらえば、わけがわかっていない人に、わけがわからない介入をされてしまうので、質素でも良いから自前でやったほうが良いのではないかというのが、秋篠宮殿下の御発言です。

皇室の財産の話はそれくらい、何かよくわからない力が働くのです。

「皇室の民主化」と当時ＧＨＱは言っていましたが、この場合の民主化とは弱体化以外の何ものでもないのです。

第〇〇条　皇室典範の改正は、国会の議決を必要としない。

2　この憲法に反する内容の皇室典範を定めることはできない。

そして、何よりも帝国憲法第七十四条の改正案として、最終的には第五十一条にこれを入れました。最後の条文にふさわしいと思います。

現在の「皇室典範」が憲法の下にある体制は、本当に、一時《いっとき》の多数で何をされるかわからない危険性があるからです。

そもそも皇室は、歴史と伝統を守っているから皇室なのです。天皇と名乗っていれば「天皇だ」と何でもできるようにさせないために、最後に掲げた典憲体制の復活は非常に大事なので、書いたほうがよかろうと思います。

なお、国旗、国歌、元号を憲法典の条文に書けと言う人がいるのですが、今はそれらに関する法律が存在するので、書く必要があるのか。どうしてもどこかに書きたいならば、大日本帝国のように「皇室典範」に元号のことを書けばいいのではないでしょうか。「元号法」があるので要らないと思うのですが、いかがでしょう。

第二章　平和主義——国際法に基づいた憲法論議を

1 「日本が軍隊を持つ」ということをどう考えるか？

日本国憲法改正といえば、通常、真っ先に取り上げられるのが第九条の改正です。しかし、そこだけにとらわれていたのでは、「芦部の憲法」から頭が一歩も抜け出ません。

自由主義憲法は、自主防衛を行える自主憲法でなければなりません。自分の国を自分で守れない国に、自由はないからです。

では、どうすれば良いか。第九条の改正論議ではない議論、国際法に基づいた憲法論議をします。日本国憲法第二章は、第九条しかありません。「芦部の憲法」は第九条の解説が極めて薄い。第七版は高橋和之先生が最新の判例などを補ってやっと十九頁です。最も大事な「交戦権」がたったの六行で終わってしまいます。

ではどうすれば良いか。二つ、考え方を示します。本章ではいきなり条文です。

〈案①〉

第九条（削除）

実は、これでも困りません。国論が統一されていない、憲法観の合意がない条項は、憲法典に書き込まない。すべて法律で決めることにして、選挙で信任を得た政府が、その時々で必要なことを考える。憲法典に余計なことを書いていないので、それが合憲か違憲かの論争が起きようがない。ただ「憲法改正をするなら、憲法観の合意を形成すべきだ」と考えるなら、何らかの条文が必要でしょう。そこで条文に最低限の内容を書き込む案です。第一章が七条ですので、第八条になります。

〈案②〉

第八条　日本国は、侵略を行わない。

2　日本国は、軍を保有する。

第一項の内容に反対し、外国の領土を奪いに行きたいと考える人はいないでしょう。現行憲法第九条の母法は一九二八年の不戦条約ですが、国際法に合わせた憲法典として運用できる部分は残します。

第二項は、「日本国は軍隊を持つ」という合意です。名前は「自衛隊」でも「国防軍」でも「地球防衛軍」でも何でもいい。現行憲法体制下の異常さは、軍隊を持つか持たないかの合意がないまま、自衛隊が何なのかの不毛な論争を続けていることです。

第九条にとらわれた、ひどい改憲論があります。第九条第三項に「自衛隊」を明記しようとする案です。しかも明記しようとしているのが、自衛隊法の条文そのままで、頭が痛くなります。しかも、その自衛隊が「行政機関」で良くて、軍隊でなくても良いとか言い出す。今の状態を追認するだけの、憲法典改正です。自衛隊法の条文をそのまま書き込むのにどんな意味があるのか。

そういった条文いじりの議論から離れて、最も重要な点から入ります。

日本国は、軍隊を持つのか、持たないのか。

世界のほとんどの国は「軍隊を持つ」と合意しています。いつ、どの時点で、どれくらい持つかといった議論はあっても、軍隊を持つこと自体には世界の二百カ国中百七十カ国以上が合意しています。逆に、軍隊を持たないと合意している国も二十五カ国ぐらいあります。

ところが日本は、出発点での合意がないままなのです。持たないなら持たないで合意できれば良いと思いますが、日本国の中で軍隊を持たなくて良いと言う人はほとんどいないでしょう。ならば、はっきりと憲法典に書き込むべきです。

ちなみに、軍隊を持たない国はバチカン、コスタリカ、リヒテンシュタイン、ツバルなど。すべてに共通しているのは小国ということです。

日本国は地政学的に重要な位置にあり、人口で見れば一億人を超えて明らかに大国で、落ちぶれたとは言え経済大国で世界第三位を保っている、潜在大国であるのは間違いありません。そういった国が軍隊を持たないとするのが、国際的に許されるのかどうなのか。

日本国が軍隊を持たないのは誰にも迷惑をかけない行為ではなく、日本国の同盟国、友好国に迷惑をかける行為であり、かつ、敵国、非友好国を喜ばせるだけなのです。

2　国際法に基づいて「平和主義」を考える

国際法と憲法

国民全体で「平和が大事である」とする平和主義は合意できるでしょう。ならば、平和主義を論ずるとき、何に基づいて議論するか。国際法です。

国際法には平時国際法と戦時国際法があります。今は「戦時国際法」と呼ばず「武力紛争法」とか「国際人道法」という言葉を使ったりし、中身も変遷していますが、「平和と平和でない時の区別がある」という本質は同じです。主に戦時国際法に基づいて日本国の安全保障、平和主義の論議を行わなければ、世界の議論と掛け離れた議論になってしまいます。

そもそも、国際法とは何なのかという話からしていきましょう。

文明国の通義、約束事、「文明国であればこれは合意していますよね」という約束の集まりが国際法です。条約に書いたら、その瞬間に国際法になるのではありません。確立された国際法だから文字に書く、という順番です。

国際法を破った国は文明国ではないという扱いを受けます。「お前は文明国ではない」といった類の因縁をつけられたくないから、皆、守るのです。

裏を返せば、因縁をつけられても大丈夫な国は守らないのかといえば、守りません。その典型例が日本に原爆を落としたアメリカです。あの当時、日本に原爆を落としてもどこからも抗議がこないので、平気で破ったわけです。

今、ロシアとウクライナで核戦争になっていないのは、ロシアがウクライナに核を落とせば、NATO陣営が核を持っているので何が起きるかわからないからです。逆に、九〇年代のユーゴ紛争では、NATOがロシアの子分のセルビアにありったけのミサイルを落としましたが、核爆弾は落としませんでした。それは背後にロシアの核があったからです。

そういった力と力の均衡によって守られているのが国際法だといえば、その通りです。言ってしまえば、国家と国家の〝仁義〟です。仁義は、破ると制裁の口実にされます。だから守りますし、破っても「破っていない」と言い張るものです。

さて、国際法と憲法はどちらが上なのかという議論が、国際法学者と憲法学者の間にあります。条約よりは憲法が上であるとの考えが確立しています。条約を結ぶのは憲法で規定された政府だからです。しかし一方で、本当の意味での国際法、これを憲法で破ることができるのかといえば、主権を持つ一国の憲法とその主権国家同士の約束である国際法は等位ではないか、と考える理論があります。

文明国の憲法は、国際法に合致しているので破りようがないと考えるのが、「等位理論」です。たとえば、ウィーン条約です。大使が一番偉くて、次が公使で、その次が参事官だといった序列があるのは、ウィーン条約を結んだからそう決めたのではなくて、何百年も国際社会が合意してきたのを、確認のために文字にしているだけなのです。「条約法条約」などとも言われます。では、これを一国の憲法でひっくり返せるかといえば、ひっくり返せません。破りようがありません。あまりにも慣習として定着してしまっているので。

だから、国際法に合わせて憲法を制定するのは、文明国のありかたなのです。

ところが、日本国憲法下では国際法を無視して、「一国平和主義」の議論を続けてきたのです。これを始めたのは、佐藤栄作内閣、高辻正巳《たかつじまさみ》内閣法制局長官です。この高辻長官は「何が確立された国際法であるかは、主権国家が解釈権を有する」と言い出し、慣習国際法に対する憲法優位説を打ち出しました。

すべての、今の、国際法を無視したひとりよがりな内閣法制局の憲法解釈はここから始まり、国際法から無限大に分離していきました。これが「戦後一貫した内閣法制局による憲法解釈」の実態です。

たとえば、占領行政に参加しても、「外国から国際法で見れば占領行政に見えるかもしれないけれども、我が国の憲法ではこれを占領行政とは呼ばない」といった解釈を言い出すのが、内閣法制局なのです。何を言っているのかがよくわかりません。

高辻長官は第三代長官です。その前の池田勇人《はやと》内閣林修三《はやししゅうぞう》第二代長官までは、国際法に合わせて憲法第九条を解釈してきていたので、結果として自衛隊がほぼ軍隊になりかけていました。でも、そういう事実を高辻長官以降は無視しています。

同じように国際法を無視した内閣法制局の解釈は、安倍晋三内閣でもありました。当時の横畠《よこばたけ》裕介《ゆうすけ》長官の答弁がそれです。「集団的自衛権を行使できるようにするなどと議論を延々とやっているが、既に行使していると岸信介《のぶすけ》総理が言っていたではないか」などと訊かれたのに対して、横畠長官は「岸内閣の時代は集団的自衛権の解釈が国際的に固まっていなかった」という答弁をしました。もちろん、当時も集団的自衛権の解釈は国際的に固まっていました。それを、内閣法制局が固まっていなかったことにしたのです。言わば〝天動説〟です。そこに合わせて、「では集団的自衛権を少しだけ行使できるようにしましょうか」と、安倍内閣は一年間かけてバカ騒ぎをやったわけです。失礼ですが「バカ騒ぎ」としか言いようがない。内閣法制局も言うに事欠いて、と表現するしかないような答弁でした。

日本国憲法第九条の条文とだけ睨み合い、高辻長官以降の内閣法制局の好き勝手な解釈に合わせて議論するから、無限大におかしな議論になるのです。国際的にほとんどの国が守っている約束事に基づいて話をしないと、話になりません。

主権国家は、国際法に則った軍隊を持つ

先ほど、第九条を変える・変えないの前に、軍隊を持つかどうかの合意が大事だと話しました。それも国際法なのです。

改めて言います。国際法とは主権国家間の約束事です。二国間での約束もあれば、複数の国が約束することもあり、ほとんどすべての国が約束していることもあります。たとえば、「南極は誰の領土にもしてはならない」のように、ほとんどすべての国が合意していても、一部の国は認めていないというのもあります。認めるかどうかは別にして、これが国際法であるという合意はあります。すべての国はお互いに軍隊を持つことを認め合っています。日本と北朝鮮も認め合っています。北朝鮮が日本に軍隊を持つなと言える権利はなく、また、日本が北朝鮮に軍隊を持つなと言う権利もないのです。日本と北朝鮮を、ウクライナとロシアに入れ替えても良いです。これに異を唱える国は、世界中どこにもありません。ロシアはウクライナに対し「お前は国ではない」と戦いを仕掛けていますが、「すべての主権国家には軍隊を持つ権利がある」との合意を否定しているわけではありません。

軍隊を持つ行為自体は、主権国家の権利です。それがイヤならば、相手国を占領して軍隊を持てないようにさせる、あるいは、軍事併合してしまうなどをやるという手段がありうるのかもしれませんが、とにもかくにも、今ある主権国家はすべて軍隊を持つことに関しては合意しています。どの時点で、どの程度の軍事力を持つかは内政問題であり、その時点での政治、行政の問題です。国際法が軍隊を持ってよいとしている以上、持つか持たないかを憲法で決めなければなりません。

ところが、その大前提が日本国にはない。これを議論しないで、何を議論するのか。

戦時国際法は、「国際交戦法規」「人道法」など、いろいろな名前で呼ばれます。戦時国際法を守る限り、平時であれば犯罪や違法になる行為も違法性は阻却《そきゃく》されます。ただ違法性そのものが阻却されるのか、違法に関する責任性が阻却されるのかという難しい議論は国際法学者の中にもあるのですが。

最もわかりやすい例で言うと、人を殺せば平時は犯罪です。しかし、「戦時国際法を守って人を殺すのは犯罪ではない」というのは、違法性阻却説と責任性阻却説のどちらの立場に立っても同じです。「戦時国際法を守って人を殺した人を、殺人者として裁判にかけて牢獄に入れることはしないようにしよう」とは、主権国家間の合意です。

国際法の中で非常に重要な条約がいくつかあって、戦時国際法をまとめた国際交戦法規、ジュネーブ条約は何百年にもわたった慣習をまとめた法典です。その中に周知義務があります。周知義務とは、今のウクライナのような状態になったときに何をすれば良いか、して良いことと、悪いことを国民に教えておけというものです。つまり、そうやって、やって良いことと悪いこと、戦いのルールが書いてあるのです。

まとめると、すべての主権国家は軍隊を持つ権利を持っていて、国際法的要件を整える義務を負うわけです。国際法により「軍隊を持っていい」とするが、その代わり、「国際法に則った軍隊にせよ」ということです。戦争のときでも、やって良いことと悪いことがあるわけです。たとえば、死体の凌辱などはやめなさいと。殺し合いだからと、何をやってもいいわけではない。

一言でいうと、「ルールを守って戦え」が、国際法の精神です。

自衛隊は軍隊ではない——ポジティブ・リストとネガティブ・リスト

日本国はすべての国に認められている、軍隊を持つ権利、そして、軍隊であれば当然持っている戦時国際法上の権利の一部を放棄しているという建前です。権利の〝一部〟だったのが、高辻内閣法制局長官以降は実態として〝大部分〟を放棄しているのを、安倍内閣などが少しずつその権利を広げようとしても、ほとんど広がっていないのが実態です。

こうした話をすると、自衛隊は誰がどう見ても軍隊だろう、あんなにすごい武器を持っているから軍隊にきまっていると言う人がいますが、違います。警察より強力な武器を持っているからといっても、軍隊ではありません。

軍隊より強い警察なんて、世界にはいくらでもあります。ロシアがまさにそうです。ロシアの国境警備隊は軍隊より強力な武器を持っているどころか、最精鋭部隊です。ロシア人の中で一番まともな、エリート部隊が行くところです。その一方で、内務省治安軍はほぼ犯罪者で、今でも囚人部隊を使っているとか。

中南米の警察軍は、警察なのか軍隊なのか、よくわからない存在です。なぜなら、独裁者は自分の身を守るために親衛隊を作りたがり、ほぼ「私兵」のようなものだからです。警察に軍隊より強力な武器を持たせて、軍隊に対抗させるなどは、世の中、ざらにあるのです。そもそも中南米の国は警察と軍隊が分離しているのかというところから怪しいですし。

これは雑談です。明治十（一八七七）年、西南の役のとき「警視庁抜刀隊《ばっとうたい》」と呼ばれる、警察の中に軍隊の組織がありました。西郷軍が強く、まだまだ百姓・町人の軍隊である国民軍では勝てないので、警視庁の薩摩出身者で揃えていた精鋭部隊を「抜刀隊」という軍隊として運用したのです。つまり、明治十年にはすでに分かれていた軍隊と警察だったのを、その警察を軍隊に編入して使ったというだけで、分離していたからできたわけです。世界には、明治十年の日本にもまだ至っていない野蛮な国が今もいくらでもあるのです。

では、自衛隊はどういう位置づけかというと、「パラ・ミリタリー（Paramilitary）」です。軍隊に準ずる存在です。自衛隊は国際法上、軍隊として認められています。問題は、国内法で得体のしれない存在にしていることです。

自衛隊の前は保安隊で、その保安隊の前は警察予備隊でした。当時の国会議員は戦争経験があるので、警察予備隊ができるときから、その警察予備隊とやらの隊員は捕虜になる資格があるのかなどと戦時国際法に基づいて質問し、しっかりと議論していました。

捕虜は犯罪者ではありません。捕虜になる権利は、名誉ある戦いをした戦士にだけ許される特権です。その「名誉ある戦い方」とは、戦時国際法を守って戦ったことにほかなりません。ですから、自衛官は捕虜になる特権があるのです。誰でも捕虜になれるわけではなく、捕虜がやって良いことと悪いことの条件も、国際法で決まっています。

ところが、自衛官は国際法上の軍隊資格があるのに、国内法を整備していないがために、警察予備隊と変わらないのです。あくまで一例ですが、軍法会議がない。この一事でもって、自衛隊は軍隊ではないと言う人がいて、これは非常に正しいです。

軍隊は通常のほかの国民組織よりも厳しい規律が求められます。最強の武器を持っているがゆえに、おかしな使い方をしないようにと規律を求められるわけです。また、国を守る立場にある人が、一般国民と一緒に勝手に逃げるなどは困るわけです。一般国民はむしろ、いざというときには政府の誘導に従って逃げろと求められますが、一自衛官が怖いからと逃げてしまっては、軍隊どころか国そのものが亡びかねないので、「敵前逃亡」は死刑といった処罰が普通にあるわけです。死刑にするべきかどうかは話が別ですが。

自衛隊の法体系が「ポジティブ・リスト」であり、許可した事だけやって良い、非常に縛られた警察型の組織であると、ここまではいろいろな改憲派の人も言うのです。問題はその先です。「法体系がポジティブ・リスト」とはどういう意味なのか。クーデターができない組織を意味します。自衛隊が軍隊であると自己証明しようと思えば、クーデターを起こすしかないといったパラドクスがある、などと言うと過激に思われるのですが、国際法的には常識です。自衛隊はクーデターを起こせないようになっているので軍隊ではあり得ません、とも言えます。

では、クーデターとは何なのか。政府の一組織が政府そのものを打倒して新たな政府を樹立する行為です。古来、軍のクーデターは無数にありますが、警察のクーデターはありません。クーデターを起こせば、それは名前が警察でも中身は軍隊なのです。

では、それがどういう意味なのか。ポジティブ・リスト、ネガティブ・リストとの話とも関わってきます。まず、なぜ警察がポジティブ・リストで、軍隊がネガティブ・リストなのか。そこから確認していきましょう。

警察の本質的な仕事は、捜査と逮捕のみです。「それ以外のことをやるな」となっているわけです。なぜならば、警察は国民と直接関わるので、余計なことをさせないように、許可したことだけをやっていいとする許可事項列挙型になっていて、ゆえに、警察は消防とともに直接国民を守るのです。警察と消防を合わせて「警防」という言い方もあります。

それに対して、軍隊の仕事は本質的に国家体制の護持です。そのために、敵を撃破しなければならないので、禁止されたこと以外は何をやっても良いと、禁止事項列挙型になっているのです。ゆえに、軍隊は最強の武器を持っていて、具体的な専門用語で言うと、「自己完結型の組織」になっているのです。「自己完結」とは、法的に政府の命令がなくても動ける、物理的にも動けることを意味します。間違っても、大震災が起きたときにコンビニに毎日買い出しに走るようでは、軍隊としての「自己完結」とは言いません。

では、なぜ、そういう巨大な能力が与えられているかというと、政府機能が麻痺したときに、政府機能を回復するのが軍の任務だからです。

政軍関係の重要性

第一章「天皇」で話したように、最終的に憲法秩序を回復する存在であるのが天皇であるというのが帝国憲法でした。日本国憲法の場合は、天皇にその役割が「ない」という解釈をしていますけれども。帝国憲法における天皇の秩序回復の役割を、具体的に実行する物理的存在が軍です。

政府の機能が崩壊したときに、政府の機能を回復できるということは、政府を倒せる力を持っているのを意味します。これがクーデターを可能にするのです。自衛隊がクーデターを起こせないというのは、すなわち、機能回復の能力がないということです。

政府に何か許可してもらえないと動けないとは、クーデターが起こせないだけでなく、政府の機能が麻痺したときに誰も政府機能を回復しないという、恐ろしい事態なのです。

では、文明国はどういうふうに軍を扱うのか。軍にはクーデターができるような能力を与えておきます。与えておいた上で、政治の力でクーデターを起こさせないようにするのです。それがシビル・ミリタリー・リレーションズ（civil-military relations）、「政軍関係」といって、広くいろいろな国で使われる概念です。

よく聞く「シビリアン・コントロール」はアメリカの概念です。ちなみに、イギリス人にシビリアン・コントロールと言ってもよくわからず、シビリアン・スプレマシー（civilian supremacy）だと言っていました。

「コマンド」は権限がある相手に言うことを聞かせること、「コントロール」は権限がない相手に言うことを聞かせることです。「そこの道を渡るな！」と、警官が部下に命令したらコマンド、警官が民間人に命令したらコントロールです。帝国憲法の「統帥権の独立」は、欠陥規定の典型のように言われますが、軍は政治から独立しつつ、統制（コントロール）される存在なのです。

その統制の方法の術が、政軍関係です。たとえば、人・物・カネを、付けるか・付けないか。法という、目に見えない力で縛る方法もあり、そしてもう一つ、「名誉」によって軍の規律を守る方法もあるわけです。

物理的な条件と法制度。法も物理的な条件と言っていいのですが、強い軍隊に規律正しくあれと言う場合に非常に大事なことは、個々の軍人が己の命を捨ててでも国を守ることに価値があると思えることです。そう思ってもらえなければ、強い軍隊にも、規律ある軍隊にもなりません。自分の命のほうが国よりも大事だと思ってしまえば、それはまともな軍隊にはならないわけです。だから、国家儀礼による戦没者追悼を、どこの国も大事にします。靖国問題は、実は重要な憲法論議なのです。

ちなみに、戦前の靖国神社は、神社の名称を冠していても、具体的な宗教活動はほとんどさせない、国家追悼施設でした。そういう位置づけだったのに、最終的には官僚支配の道具として悪用されたのです。

有名な話として、カトリック教徒の総本山であるバチカンが、「(追悼施設である）靖国に参拝してもカトリックの信仰とは矛盾はない」と言ってくれているのに、日本の右翼の皆さんがキリスト教徒に向かって、「靖国に参拝しない奴は非国民だ」などと居丈高に強制しようとしたからおかしな話になるのです。

3　そもそも「第九条」とは

「戦争」「戦力」「交戦権」

現行憲法第九条を確認しておきましょう。

日本国憲法
第九条　日本国民は、正義と秩序を基調とする国際平和を誠実に希求し、国権の発動たる戦争と、武力による威嚇又は武力の行使は、国際紛争を解決する手段としては、永久にこれを放棄する。
②　前項の目的を達するため、陸海空軍その他の戦力は、これを保持しない。国の交戦権は、これを認めない。

第一項は普通の日本語で読むと「日本国は戦争をしません」という内容が書いてあります。「戦争放棄」です。

第二項は「戦力を持ちません」「戦う権利を認めません」と書いてあります。「戦力不保持」「交戦権否認」です。

憲法学の授業で第九条を教えるときは、放棄された「戦争」とは何なのか、持たない「戦力」とは何なのか、認められない「交戦権」とは何なのか、それらとともに「前項の目的を達するため」という四つの言葉に関して最初に教えるので、ここでは第九条の条文解釈に基づく改憲論議ではないのですが、一応、こういうものだという話だけをしておきます。

日本国憲法第二章つまり第九条は、そもそも帝国憲法には存在しません。だから、日本国憲法の第九条をいじる行為自体が自主憲法にはならず、自主憲法にならなければ、自由主義憲法にもならないのです。

改めて確認します。自由主義憲法であろうとすれば、当然、自主憲法でなければなりません。国家としての自主憲法でないものが、国民の自由を保障するものには成り得ません。第九条は、まさにアメリカが押し付けてきた部分ですから。

第二項の「前項の目的を達成する」とは、第一項が否定している戦争は、侵略戦争だけであって、自衛戦争は否定していないから自衛のためであれば戦力を持って良く、交戦権は認められるというのが、衆議院憲法改正委員会委員長の芦《あし》田《だ》均《ひとし》が行った、いわゆる「芦田修正」と言われる俗説です。この解釈を日本政府が採ったことは一度もありません。平成二十六年（二〇一四）の安保法制騒動のとき、安倍内閣が公式に明言しました。

歴史の話は本書ではあまり詳しく触れませんが、さらに事実を言うと、その意味での芦田修正を言い出したのが、当時の憲法担当大臣の金森徳次郎でした。これは、議事録が公開されて明らかになりました。当時、芦田均は全然違うことを言っていたのに、後になって「あれを入れたのは自分だ」と言い出したのです。芦田が入れた部分は第一項の「正義と秩序を基調とする国際平和を誠実に希求し」といった、まったく中身がない部分です。これは何のために入れたかといえば、芦田が第九条の平和主義を強調しようと、委員長なのにうるさく言ったので、委員長の顔を立てるためにこれくらいなら入れていいやと考えられた文言でした。それを後になって、「実は私は自衛権を認めるために奮闘したのだ」などと大ウソを言い出したので、芦田の反対党になった吉田茂などは怒り狂っていたわけです。その後は吉田の系統が主流なので、芦田修正なんて絶対に認めるか、となったかどうかの経緯はつまびらかには知りませんが。

その意味での「前項の目的を達するため」というのは、長らく戦後の京都学派で伝統的な議論でした。侵略戦争のための戦力は持たないし、侵略戦争をやる権利は認めないけれど、自衛戦争なんて否定しようもないのだから自衛のためであればOKだろうと考えるのが京都学派の伝統的解釈でした。今は違いますけど。

そういう解釈が当然の解釈だろうと、GHQの上にいた、アメリカ以外の国が入っている極東委員会が、クレームをつけてきたのです。そこで、「いずれ日本人は軍隊を復活させてもそれを軍隊と呼ばず、戦争をやっても戦争と呼ばない。そういうことを日本人は絶対にやるだろうが、大臣が文民であればシビリアン・コントロールができるだろう」と言って入れたのが、第六十六条第二項の文民規定です。

第六十六条　内閣は、法律の定めるところにより、その首長たる内閣総理大臣及びその他の国務大臣でこれを組織する。

②　内閣総理大臣その他の国務大臣は、文民でなければならない。

③　内閣は、行政権の行使について、国会に対し連帯して責任を負ふ。

この「文民」の語も、武官をなくすのに「文官」ではおかしいとなり、シビリアンの訳語として力ずくでひねり出した言葉です。

第九条と第六十六条は同じところで話さないと、わけがわからなくなるはずなのですが、同時に議論されたものがほとんどありません。

これまで、日本国憲法は基本的に、日本国の総力を破壊しようとして押し付けられたものではあれ、逆に日本側が押し返した部分もあるので、そこを見分けなければならないと言ってきましたが、第九条と第六十六条第二項の改正などは、考えること自体が自主憲法ではなく、自由主義憲法にはなりません。

いまだに、文字通りの憲法解釈をしたがる人がいるのです。小学生が訳したような日本語で「戦争、しません。戦力、持ちません。交戦権、認めません」と解釈をしていた時期があり、憲法制定の昭和二十一年十一月から朝鮮戦争が起こる昭和二十五年六月まで、吉田茂首相はじめ政府公式見解で言っていました。しかし、内閣法制局は「あれは吉田首相の失言」だと言い出し、「吉田総理が何を言おうが、金森大臣が言ったことのほうが正解です」としてしまいました。吉田も「私は野党の諸君に法律家として失格と言われましたので、法制局長官のほうが……」といった発言を平気でしてしまっている次第です。詳細は小著『検証　内閣法制局の近現代史』（光文社新書、二〇二二年）に書いておきました。

「侵略戦争」「自衛戦争」

「放棄した戦争はいわゆる侵略戦争だけであって、自衛戦争までは放棄していない」が、朝鮮戦争以後の日本政府の解釈です。ちなみに、「侵略」は「アグレッション（aggression 侵攻）」の誤訳です。漢語の「侵略」には「奪い掠め取る」の含意がありますが、侵攻は「挑発されないのに先制攻撃をした」の意味です（佐藤和男『憲法九条・侵略戦争・東京裁判』増補改訂版、原書房、一九八五年）。

この場合の「戦争」とは、宣戦布告を伴う戦争であるかどうかは、今回の話ではあまり重要ではありません。戦争だろうが、事変だろうが、紛争だろうが全部同じです。国際法で、「事実上の戦争（de fact war）」と言います。

国際法的な共通の解釈は、「侵攻」は挑発の有無によって決まります。挑発があったかどうかの解釈権がそれぞれの主権国家にあり、結局、あらゆる侵略は自衛の名で始まるのではないかという議論があります。しかし、それは主権国家が並立している以上、仕方がないのです。

我が日本政府は鳩山一郎内閣以来、敵がミサイルを撃とうとしているときに、撃たれるまで何もやり返してはならないのか、いや、そんなことはない、座して死を待つべきではないとの見解を採っていて、それは小泉内閣ではっきり確認しています。仮に周辺諸国の独裁者に「東京を火の海にしてやる」などと挑発されたときに、座して死を待たねばならないなどと言うことはなく、先に敵の基地を攻撃しても侵攻にはなりません。この意味での自衛戦争までは放棄していないとするのが、日本政府の解釈です。

どんな理由があっても先に殴ってはいけないなどと、小学校の変な先生が言うような議論を、まさか、国会議員がしているから困りものなのですが。

日本政府のこれまでの解釈は、一貫などしていません。

吉田内閣の時の佐藤達夫初代法制局長官は、アメリカさんにお帰りいただける実力があれば、それは憲法が禁止する戦力だから、そのときには当然、第九条を改正していただかなければ違憲になるでしょうと答弁しています。であれば、米軍に居てもらえる間はどれだけ軍備を拡張しても憲法違反にならないとの議論にもなり得るのです。これが、自衛隊は戦力に値しないから憲法違反ではない、との本来の解釈です。

第二代林修三長官は鳩山、石橋、岸、池田と四代の内閣で、その「自衛のための最低限度の実力」

とは周辺諸国との相対評価で決まるものなのだとしています。たとえば、周辺諸国が核武装しているのに、核兵器と名前がつくだけで、どんなものも禁止されているのはおかしな話だと、核武装も違憲ではないといった解釈にしました。だから、憲法第九条のままで核武装はＯＫということもありうるのです。ちなみに、これは安倍内閣の横畠長官すら、はっきりと認めています。

第二代林長官のときは、原則やっていいのだけれども、やってはいけない事柄だけを例外的に決めていく「ネガティブ・リスト」にしていました。やってはいけない事柄だけを決めておいて、やっていくというふうにしていったわけです。

ところが、第三代高辻正巳長官が、それを逆にしていきます。つまり、やって良いことを列挙する条件に変えていったのです。原則やって良いことがない中で、やって良いことだけを列挙していく。やって良いことをそのたびに新規立法しなければいけないと解釈していき、これ以上の兵器を持ってしまうのは違憲になるだろう、といった、国内法による絶対評価でやってしまったのです。そして、核武装は非核三原則等々の政策によって禁止されます。憲法上やってもいいのだけれども、政治的にやらないと決めたので持てませんとしました。

決定的に重要なのは交戦権です。改憲論の中で最も変えてほしいとされるのは、第九条の中でも第二項の交戦権の否認です。

その交戦権とは何かといえば、文字通りの戦う権利ではありません。交戦権は戦時国際法上の権利であると、「芦部の憲法」ですら正しいことを言っています。その中の一部が禁止されているとするのが、今の有権解釈です。

戦時国際法は戦う権利を認めています。人を殺すのも条件次第でかまいません。物を壊すのもかまいません。船を臨検したり拿捕したりする行為もかまいません、等々。いろいろ条件がありながらも認めています。

では、自衛権は認められているけど、交戦権は禁止されているとすると、かぶるところはどうなるのか。林長官は、かぶるところは自衛権だと解釈しました。だから、禁止されているのは自衛権ではないところであって、たとえば、ＩＣＢＭ（射程が五五〇〇キロメートル以上ある長距離弾道ミサイル）を持つとか、中立国の船を拿捕するとか、占領行政であるなど、やらなくて良いことか、当時の日本ではそんな能力がないことだったわけです。だから、ネガティブ・リストになったわけです。

ところが、かぶるところをダメとしたのが高辻長官なのです。高辻長官は結局、交戦権とかぶらない自衛権だけが認められるとするので、ポジティブ・リストになってしまうのです。

結局のところ、内閣法制局の一貫した解釈は、在日米軍に永遠に居てもらう中で、自衛隊はアメリカに守ってもらわねば何もできない、戦力に値しない存在でいようとして、今に至るのです。

その枠内で第九条改正論議を行うのか、そもそも第九条そのものを取っ払って、池田内閣の林さんまでのように、アメリカさんにお帰りになっていただく前提で軍を持つのか。まったく違う議論なのです。

まずは国家目的と国防思想があって、憲法典に何を書き込むかはそのオマケなのです。

4 明治日本の国家目的と国防思想

明治日本が帝国憲法を作ったとき、どういう合意があったのかを見てみると、よく言われる「戦略の階層」に見事に当てはまるのです。

まずは、階層の頂点にくる世界観では、哲学として、「地球上で文明国として生き残る」です。反政府派も含め、全国民が合意しています。

次が政策です。政略とか外交と言い換えてもいいのですが、目の前に居る脅威であるロシア、清の動きを外交で止める。帝国憲法を作ったときは、日英同盟がないどころか、イギリスに条約改正を邪魔されてばかりの時代でした。その後、日英同盟、アメリカとの友好関係を結んで、露・清の動きを外交で止めて時間稼ぎをして、富国強兵によって帝国陸海軍を整備するという政治の意思があり、その予算を付ける。そのために経済成長をさせる。なかなか経済成長しないので、国民が爪に火をともすような生活に耐えています。

そして、大戦略として、地球上で文明国として生き残るために、露・清の脅威を取っ払うためには、朝鮮半島から大陸勢力を駆逐しなければ安心して寝られない、としました。日露戦争直前に北緯39度線まで下方修正し、戦っている最中に勝ったので上方修正して、南満洲まで押し返しました。

このあたりは、状況によって変えていきました。

具体的な戦略としては、日本列島から黄海に至る制海権を確保して、陸上兵力の輸送路を確保する。

軍事戦略と作戦術はあまり細かく分けなくていいのですが、具体的な作戦術としては、敵艦隊を黄海に封じ込め、仁川《じんせん》から上陸していって北上する、そのための訓練を続けました。

具体的な戦術に関しては、政治は現場に干渉せず、具体的にやることは現場に任せる。これが統帥権の独立です。

帝国憲法はこういう思想のもとで運用していたのを、現代史的に考察するとどうなるのかというと、その範囲は時代によって伸縮します。

統帥権は具体的には「軍令権」と同じ意味だと解釈されます。現場の作戦指揮権です。これはもっとわかりやすく言うと、今の日銀の独立と同じです。中央銀行は日本政府からこのときにこの株を買えとか、売れとか言われても困ります。同じように軍隊も、右から攻撃しろ、左から攻撃しろと首相官邸から指示されたとしても動けないわけです。実際、ベトナム戦争のときにホワイトハウスから現場までそういう指令が飛んでいたので、それを傍受されて、対空砲火で片っ端から落とされたという、泣くしかないような話もあるわけなのです。

逆に満洲事変のように、現場が勝手に戦を始めるのも大問題です。現代だと、現場の軍隊がミサイルを、国によったら核ミサイルを撃てば、大惨事です。実際に、原子力潜水艦などは核を搭載している場合もあるので、「勝手に撃つな」など、そういうところは、核保有国などはものすごく神経を使うところです。

儀礼権の話は先ほどしました。

軍人に最高の栄誉を与える存在は国家元首であるので、立憲君主制であっても、統帥権の範囲はどこまで含むかはともかく、軍政軍令の権は政府、軍に渡しても、儀礼権は君主が保持している国は多いです。

立憲君主国のデンマークなど、形式的ですが、今でも国王は統帥権を保持しています（第十九条第二項）。当然、儀礼権は国王の大権です。

5　帝国憲法における安全保障の思想

ここでは、帝国憲法の安全保障の例を見ていきましょう。

第十一条　天皇ハ陸海軍ヲ統帥ス

帝国憲法第十一条にほとんど何も書いていないのはなぜでしょうか。

憲法ができる以前から軍を整備するという国家的な必要性がありました。〝帷幄上奏《いあくじょうそう》〟といって、政府を抜きにして天皇に上奏する慣行があったのですが、「軍隊のことを憲法で整備するのは戦争に勝ったあとにしましょう」と言いながら、勝った後もできなかったのが実態です。日露戦争の二年後の明治四十年、伊藤博文と山縣有朋《やまがたありとも》が大喧嘩して、山縣のほうが勝ったのです。

統帥権がなぜ独立しなければならないのか。憲法学者でこれを否定した人は一人もいません。極限まで解釈して、それが有権解釈になったのが、美濃部達吉の説が通説になったときで、「機密性と迅速性」が求められるからです。軍は当然、秘密保持をしなければなりません。また、現場で敵が弾を撃ってきたときに、政府の許可がないと撃ち返してはいけないというのでは話になりません。

護憲派の人はよく、戦前の軍部の暴走などと言いますが、戦前の、特に昭和の軍に大問題があったのは確かですが、そういった問題は官僚機構につきものです。平成十年から二十五年の日銀など、政府から独立したかのような存在でした。今の日銀法を作るときに「これは統帥権の独立ではないか」と言って反対したのが、大蔵省出身の内閣法制局第三部長だった阪田雅裕《さかたまさひろ》さんでした。のちに、長官になった人です。

結局、問題は政治が軍をどのように統制するかの政軍関係に集約されます。

第十二条　天皇ハ陸海軍ノ編制及常備兵額ヲ定ム

「編制および常備兵額を定む」とは、要するに、ヒト・モノ・カネを付けましょうという話です。「ヒト・モノ・カネ」は、政治が軍を統制する手段です。

昭和の軍が増長したのは多額の機密費が日常的にもらえるようになったからといった面もありました。逆に言えば、軍が勝手に出兵したところで、それに予算を付けないとすれば、軍は立往生します。当然、戦前であっても、法によって逆賊として討伐するのは可能です。

ちなみに、軍令権を持っているのは陸軍だと参謀本部、海軍だと軍令部です。参謀本部は陸軍省と対等以上であるかの如く振る舞ったのに対して、軍令部はほとんどの期間、海軍省の言いなりでした。これは単純な理由で、陸の人が派閥を作りやすいのに対して、海の人は外に出てしまうので派閥を作りにくいといった性質があったからです。

第十三条　天皇ハ戦ヲ宣シ和ヲ講シ及諸般ノ条約ヲ締結ス

「天皇は戦を宣し和を講じ、諸般の条約を締結する」とあります。これは「外交権」であって、本来、議会の権限であり、現行憲法では国会に移っています。当時から、議会が関与できないのではおかしいのではないかという議論はありました。

なぜ軍と外務省に議会が関与できないようにしているかといえば、伊藤博文は民主的な権利を容認していたので、衆議院の多数が自由民権運動の反政府派、しかも軍事と外交がわからない人たちに占められる事態を前提にしていたので、こういう条文にしたという事情があります。つまり、軍事と外交がわからない人が総理大臣になる事態も想定して、帝国憲法は作られているのです。だから、後に軍は総理大臣から独立したように振舞えたのです。

一九二八年の不戦条約と一九四五年の国連憲章で、宣戦布告が違法化されたので、帝国憲法の和戦の大権は現代においては無意味になりました。よって、今度の条文で書き込む必要はないでしょう。

本来、君主は親善を行う存在であって、外交を行う存在ではありません。親善とは仲良くする行為で、どんなときでもきれいごとを言うのが仕事です。明治天皇が日清・日露戦争に最後まで反対したのは当たり前の話なのです。

それに対して、外交とは国益をかけて命のやり取りをする行為です。国益をかけた交渉をするということは国内に不利益を被る人がいて、その調整をしなければいけないのです。

きれいごとを言う親善と、泥をかぶる外交は別の人が行ったほうがいいにきまっています。

第十四条　天皇ハ戒厳ヲ宣告ス

戒厳ノ要件及効力ハ法律ヲ以テ之ヲ定ム

戒厳は軍法（の一部または全部）を司法、行政に優越させることであり、軍人以外にも軍刑法を適用するのを意味します。敵前逃亡で死刑になるのは通常の状態では軍人だけだとしても、戒厳令下では一般人にも軍法を適用するわけです。ただ、帝国憲法では法律によって決めなければいけないとする、議会主義の原則を定めています。

そもそも現在は軍刑法も軍事裁判所も存在しないのですが、やろうと思えば、最高裁を最終審とする特別裁判所、審判として軍法会議の設置は可能です。

その程度の改正ならば、わざわざ憲法を改正してまでやる必要があるのか。やる気になれば今でもできますから。最終審が最高裁である軍法会議は日本以外の国でもあるので、憲法改正しなければそれができないと言うのは、今やる気がないための議論です。

第八条　天皇ハ公共ノ安全ヲ保持シ又ハ其ノ災厄ヲ避クル為緊急ノ必要ニ由リ帝国議会閉会ノ場合ニ於テ法律ニ代ルヘキ勅令ヲ発ス
此ノ勅令ハ次ノ会期ニ於テ帝国議会ニ提出スヘシ若議会ニ於テ承諾セサルトキハ政府ハ将来ニ向テ其ノ効力ヲ失フコトヲ公布スヘシ

第八条は第一章で解説しました。議会が開けない際の緊急事態条項であり、これは実質的には天皇ではなくて、内閣と枢密院の権限です。現在は参議院の緊急集会がこれに当たるはずなのですが、あまりうまく使っているようには思えません。

一方、緊急勅令は帝国憲法下で悪用されました。政友会が治安維持法の最高刑を死刑に引き上げるのを、議会が通らなかったので枢密院だけでやって、後で議会多数になって押し通したなどの例もあるのです。また、若槻内閣は金融恐慌のときに、緊急勅令を出そうとしたのは議会で少数派なので、枢密院に認めてもらおうとしたこともありました。

伊藤博文は最初から悪用を想定していて、これは本当に悪用されがちなので、緊急時といえども、為政者がみだりに国民の権利を侵害するのを戒めていて、『憲法義解』で延々解説しています。

帝国憲法全体の設計としては、国を守るための軍は独立しているのだけれど、同時に軍を統制する政治を前提にしています。最初に話したクーデターができるけれども、させない政軍関係を考えているのです。

そして、政府と軍が両方とも暴走して機能麻痺になったときに、最終的に国民を守るのは天皇であるとし、終戦の御聖断などは、まさにそうなったわけです。そういうふうに作ってあったのです。考えに考え抜いて、何重構えにも作られていたのが帝国憲法です。日本国憲法の第九条とだけにらめっこしても、絶対、こういう発想は出てこないはずです。

6　自由主義憲法草案　条文解説

以上をふまえた上で、草案です。

第八条　日本国は、侵略を行わない。
２　日本国は、軍を保有する。

これは既に示しました。しかし、この一条だけで安全保障、そして緊急時における国民の保護ができるわけではありません。

第一条　天皇は、国家元首であり、日本国の統一と永続の象徴である。

国の統一が保てないような、真の緊急時に政府機能を回復する主体は、天皇ですから。先取りです。

次の第三章で規定する人権規定も、安全保障にかかわります。それを人権と呼ぶかどうかは別として。

第三章　人権

——本気で守る条文だけ書く

1　そもそも人権とは

人間であれば誰もが持っている権利

「人権」についての憲法論議の要諦は「その権利を本気で守る気があるのか」です。ナントカ権を憲法典の条文に書き込むことと、本当にその権利が守られていることはまったく違う話です。「憲法典の条文にきれいごとを書き込みました、でも実は全然守られていません」では、まったく意味がない憲法典論議になってしまいます。

大学の授業で使う日本国憲法の教科書では「統治」と「人権」に分かれていて、詳しく扱う場合は一年をかけて「人権」だけを授業する科目もあるくらいです。

そもそも、人権とは何なのか。国際的な共通理解の定義では「人が人であるという、それだけの理由で認められる権利」「人間であれば誰もが持っている権利」です。これを否定する人はいないと思います。ところが、人権を具体的に考えていくときにどうしても認識にズレが出てきます。

ところで、人権の反対語は何でしょうか。それは「特権」です。なぜなら、人権は人間全員に認められている権利であり、特権は人間の中で限られた人にだけ認められている権利だからです。認識のズレはここから起こるのです。つまり、人権の論議のときに、特権にすぎないものが人権として扱われている部分があって混同されるからです。

人権という言葉を使うこと自体がけしからんと言う論者がいるのですが、それ自体に一定の道理があるのは認めるべきであろうと思います。それはどういう考えからなのか。

人権は天から与えられたものであると考える「天賦《てんぷ》人権説」があります。天が何を指すかはさておき。天賦人権説では、人権は人間が生まれながらに持っている権利であって、気に入らない政府に抵抗する権利があると考えるのです。抵抗がどこまで許されるか。暴力革命によってその政府を転覆し、自分たちの政府を作り出す権利があるとする「革命権」まで人権の中には認められていると考えます。だから素晴らしいと考えるのが「左」で、だから危険だと考えるのが「右」とされます。「人権」の言葉自体には、そういった危険だと思われる意味も含まれています。だから、この言葉を使うのに抵抗感を持つ人がいるのです。

では、我が国で人権はどういうふうに受容されてきたのでしょうか。

大日本帝国憲法では、人権の用語は使われず、「臣民の権利」でした。それでまったく問題がないと考えられていました。ちなみに、戦前の民法では、今の「物権」の対義語という意味ぐらいで「人権」が使われていました。

日本国憲法では「臣民」を「国民」と言い換えました。また、第十一条と第九十七条の二カ所に「人権」の語が使われています。基本的に日本国憲法は条文上、国民の権利として人権と呼ばれるものを扱っているのですが、ここに書かれてある国民の権利をすべて人権と読み替えるべきだと解釈、運用されてきたので、ズレが生じています。たとえば、参政権は単なる特権ですが、人権として扱われています。日本国憲法の条文ではちゃんと「国民の権利」としているのに、人権と〝では なく〟に解釈したので、ズレが生じたのです。

さらに困ったことに、日本国憲法を押し付けてきたGHQは、民主主義と人権は絶対に矛盾せず共存すると考えていました。確かに民主主義だから人権が守られる面もあるのですが、逆に多数の横暴によって個人の権利が侵害される、少数者の権利が侵害される事態も当然あるはずなのに、そうした考えが極めて希薄になっています。

ですから話の立脚点として、人権を守るためには民主主義の多数の横暴から個人の権利を守らなければならないといった観点も必要です。つまり、一時《いっとき》の多数決によって一人の人、少数の人の権利が侵害されてはならないとするのが、人権尊重の考え方なのです。

人権尊重と民主主義との両立をどうするのかと問えば、そこはどうしても人間のやることなので矛盾が生じるわけなのですが、その点を考えていくのが憲法論議です。

平和、人権、民主主義の「三大原則」は絶対矛盾しないとの考え方に立てば、思考停止になってしまうので、そこはしっかりと区別して考えておいたほうが良いでしょう。ついでに言うと、バルカン半島の歴史を見ると、多数決で戦争を始めてばかりです。平和主義と民主主義が必ず両立すると考えるのは、まったくの事実誤認です。

何もかも書き込まず、書いたことは必ず守る

日本国憲法は、誤植も含めて一文字も変わっていないので、ほぼ世界最古の憲法に近くなってきています。また、条文が他の国の憲法と比べて少ないので、今や簡文憲法です。私からすればそれでも十分繁文《はんぶん》憲法なのですが、今の諸外国の憲法と比べると確かに簡文憲法であるのは間違いありません。

日本国憲法は簡文憲法である、条文の数が少ない、すなわち、列挙されている権利が少ないとするのが、憲法典に権利を書き込むのが人権尊重であるとする観点からの批判です。書き込んだところで、その権利が守られなければ、意味がないのではないかと思いますが。

では、具体的に人権尊重はどのようにして行うのか。

人権は「フランス人権宣言」から世界中に広まりました。〝人権の母国〟であるフランスの憲法には人権規定が何条あるか。ゼロです。もし、憲法典に条文を書くのが人権尊重だ、書いていないのは人権侵害だとする発想ならば、フランス憲法は一体どうなるのでしょう。

高橋和之東大法学部名誉教授が、『世界憲法集』（高橋和之編『世界憲法集』岩波文庫、新版第二版、二〇一二年）のフランス憲法の解説の中で、人権規定は前文、フランス人権宣言、そして今の第五共和制憲法の一つ前の第四共和制憲法の前文にも書いてあり、また、環境憲章（二〇〇五年）を別途設けていて、それらは現フランス憲法を構成しているので、人権規定が無いわけではないのだとの旨を書いています。しかし、それらの本文のどこにも人権規定はありません。前文は、当たり前

ですが、本文ではありません。

憲法は統治の規範であり、政治のルールです。その中に、「どうやって人権を守るか」は書かれているのですが、「どんな人権を守るか」は書かれていないのです。どの時点でどの権利を守るかは、すべて法律に委ねられています。時代により価値観が変わるものを、憲法典に書き込んで硬直化しても困るからです。

最近、〝女性が中絶を行う権利を憲法に明記する〟とフランス議会で可決されましたが、法律によって認めたり認めなかったり、時の多数決によって変えるのは不適切だと考えられるようになったからです。これは現フランス憲法の第三十四条「法律に関する原則」に書き込むとのこと。人権規定と言えば人権規定ですが、立法に関する原則なので、厳密には統治の規定です。

憲法典で、具体的に「この人権を守ります」と書き込んだ場合、どうなるのか。たとえば、日本国憲法制定のとき、男女平等が大事であると、憲法第二十四条に書き込みました。ところが、今、ジェンダー平等の時代になってみると、男女平等だけでは不十分になりました。同性婚を認めるためには、憲法二十四条の改正が必要です。

第二十四条　婚姻は、両性の合意のみに基いて成立し、夫婦が同等の権利を有することを基本として、相互の協力により、維持されなければならない。

② 配偶者の選択、財産権、相続、住居の選定、離婚並びに婚姻及び家族に関するその他

の事項に関しては、法律は、個人の尊厳と両性の本質的平等に立脚して、制定されなければならない。

同性婚を求める人は護憲派が多いので、この条文の「解釈改憲」をしようとしていますが、あまりにも無理があるでしょう。私は当事者ではないので同性婚に賛成でも反対でもありませんが、憲法学者として「同性婚を認めるなら憲法第二十四条の改正が必要であり、解釈改憲は不可」の立場です。

余計なことを書き込んで後で揉めるなら、最初から書き込まない方がいい。〝人権カタログ〟を並べるのが人権尊重であるとは、私は考えません。「余計なことを書かない代わりに、書き込んだ権利は守る」の立場で考えていきます。

2　人権の歴史

「人権」を発明せねばならなかった理由

具体的に、どんな人権を尊重していくのかを考えるためにも、一二一五年から一九一九年までの約七百年の人権の歴史を年表に簡単にまとめたので、それに沿って見ていきます。

一二一五年（英）「マグナ・カルタ」
一六二八年（英）「権利請願」
一六四二年（英）清教徒革命
一六四八年（欧）ウェストファリア条約……内心の自由
一六八九年（英）「権利章典」……人身の自由
一七七六年（米）アメリカ独立宣言……生命・自由・幸福追求権
一七八九年（仏）フランス人権宣言……人間の平等、財産権
一七九一年（米）トーマス・ペイン『人間の権利』……「人権」の語の最初の用例。
一九一九年（独）ワイマール憲法……社会権

一二一五年、イギリスでは当時の貴族たちが国王に「こういうものを守れ」と突きつけた「マグナ・カルタ」が作られました。たとえば、「勝手に税金を取ったり、勝手に牢屋に人を送り込んだりしてはいけません」といった契約を突きつけたのです。しかし即座にローマ教皇インノケンチウス三世によって無効宣言され、四百年ぐらい、その存在すら忘れられていました。

一六二八年には「権利請願」、一六八九年には「権利章典」が議会によって王様に提出されました。「マグナ・カルタ」、「権利請願」、「権利章典」はイギリス憲法では「三大歴史的文書」と言われているように、今風に言えば人権を求める動きがありました。これがイギリス革命です。

日本の教科書は、人権尊重の歴史とは実はあまり関係がない、一六四二年の清教徒革命を強調します。しかし、その一方で、まったく同時期に起こった、人権尊重の歴史に欠くことができない、一六四八年のウェストファリア条約については言及がありません。もちろん世界史教科書には出てくるのですが、人権を語る文脈では扱われません。

ヨーロッパに限らず日本でもそうなのですが、お上《かみ》の政《まつりごと》に口を出すとは何事かといった文化、価値観があり、それに対して、政治に対する意見を言わせてほしいというところから、人権尊重の動きが始まりました。

「権利請願」などはまさにそういったものの一つです。これは一般国民が求めたわけではなくて、地主であるジェントリーや、ブルジョワと呼ばれるお金持ちが求めたわけです。ブルジョワやジェントリーは今風の日本語で言えば〝セレブ〟が一番近いでしょうか。

最初は〝セレブ〟のための権利が国民全員に広がっていったのが、人権尊重の歴史です。

また、具体的にすべての人に認めなければならない権利として、三十年戦争の講和条約であるウェストファリア条約以降、現代に至るまで最も大事にされているのが、心の中では何を信じていても良い「内心の自由」であり、具体的には「信教の自由」です。

人権の根源は、発言も含めて心の外の行動は制約されるけれども、心の中は無制限である、というところから始まっていきました。それが当たり前ではなかったのです。「あなたは心の中でよからぬことを考えているかもしれない」というのは、その人を殺す理由になったのです。しかも、拷問付きで殺す理由になったのが、人権がない時代の状況だったわけです。ヨーロッパではそうでした。だから、わざわざ「人権」を、発明せねばならなかったのです。

日本の国会でも、令和四年の安倍首相銃殺の犯人の背景から、旧統一協会の問題がいろいろと騒動になっています。国会議員が「あなたは統一協会の信者なのですか」と訊《き》くのがどれほど危険なのかを、当人は承知しているのでしょうか。野党が大臣に訊くのだから良いと思われているのか。自分からそれを公開するのと、権力を持っている人に訊かれて答えさせられるのでは、まったく意味が違います。江戸時代などでも「宗門改《しゅうもんあらため》」といって、お前はどの宗教を信じているのだと、権力の側が訊いていった歴史が（弾圧も含めて）我が国にもあるのです。

心の中の自由が最重要であって、いかなる権力も侵害してはならないというところから人権尊重は始まるわけです。

昔は基本的人権という言葉がよく言われましたが、今は他の人権と区別はありません。生命・自由・財産を侵害されない権利だとされた基本的人権は、刑罰に対応しているのです。生命を奪うのは死刑です。自由を奪うのは懲役や禁固です。財産を奪うのは罰金や、科料です。そういう刑罰が、法の手続きに従って科されます。権力者の好き勝手に生命・自由・財産を奪われない権利が大事だというのは、どこの国でも言われているわけです。

財産権がなぜ重要なのか

日本の社会科の教科書ではイギリス革命、アメリカ革命、フランス革命だけが特筆大書され、市民革命を起こした三つの国だけが強調されます。

その中で、一七七六年のアメリカ独立宣言で、「生命・自由・幸福追求権」が宣言されました。この場合の幸福追求権とは財産権のことです。一七八九年のフランス人権宣言では、人間の平等が言われ、「財産権」という言葉がはっきり使われました。

ちなみに、イギリス生まれの啓蒙思想家で、のちにアメリカに移住したトーマス・ペインが渡仏して、一七九一年に出した『人間の権利』が「人権」の語の最初の用例だそうです。

ここまでの人権の流れは、権力者に好き勝手に「命を取られない」、「牢獄に入れられない」、「財産を巻き上げられない」といった、「それが認められなければ人間ではありません」となる、マイナスをゼロにしていくための権利なのです。それは「命を奪われない」だけではなく、「財産も奪われない」までを含めて、人間が人間であるという意味なのです。

財産権の考え方はいろいろあります。最近では、「財産が不可侵なのであれば貧富の格差が固定され、社会そのものがうまくいかないから、理由があれば巻き上げて良いのだ」とする思想が主流です。コロナ禍で営業停止や営業時間変更などが軽々しく出され、収入が激減するなど財産権が軽々に扱われていたのは、そうした思想の反映です。

そうした思想が出てきたのは、一九一九年のワイマール憲法以降です。世界で最も民主的な憲法と言われながら、その民主的な中身がほとんど運用されず、最後は民主的な手続きによってヒトラーの独裁を生み出したワイマール憲法が、なぜか素晴らしいと言われていますが意味不明です。

そのワイマール憲法には「社会権」が明記されていました。社会権とは具体的に何か。

それまでは「十九世紀的人権」といって、これが認められなければ人間ではないという、マイナスをゼロにするための権利でした。しかし、そう考えられた時代のように、いきなり権力者が個人を殺すなどはあり得なくなり考えられなくなったので、今度は人間らしい生活を求めていこうと、ゼロをプラスにしていこうとする権利が主張されました。それが社会権です。発想が違うのです。

ここで、財産権に対する扱いが百八十度変わったのです。それまでの、「権力者が奪ってよいものではない、不可侵である」といった考え方から、「社会全体のためであれば、取り上げてバラ撒け」との発想になっていきます。それが「二十世紀的人権」です。

人権の流れをまとめると、まず具体的には信教の自由が出発点でした。どんな宗教を信じていても構わない。領民が領主と違う宗教を信じていても構わないというところから始まって、次に、生命・自由・財産の自由権が認められる流れになります。

そして、マイナスをゼロにする権利から、二十世紀以降はゼロをプラスにしていこうとする社会権を認めていく流れになってきました。

私などは人権尊重としては、どちらかと言えば、十九世紀的人権をしっかり守るほうが大事であり、二十世紀的人権を大量に書き込む話ではないと考えているのですが、世界的に少数派です。少数派だから悪いと思っていませんが。

近代化と人権

日本の社会科教科書がイギリス革命、アメリカ独立革命、フランス革命だけを特筆大書しています。それによって一体、どういう理解のズレが出るかと言えば、その三国は、確かに市民革命と呼ばれるものをやったかもしれないけれども、それ以外の国の歴史は完全無視です。世界史の教科書を見るだけで、アメリカも含めて、イギリス、フランスはヨーロッパの西のほうの人たちですが、東のほうでは「啓蒙専制君主」といって、上からの近代化を行った国もあるわけです。たとえば、オーストリアのハプスブルク帝国、プロシア（ドイツ）です。大国だけを挙げましたが、小国のスウェーデン、オランダ、スペインなども、市民革命などしなくても、今では立派な民主主義国家です。だから、欧米の中だけでもたった三国だけを取り上げて強調すると、理解が偏っておかしくなるだろうと思います。

しかも、イギリスへの理解も異様で、イギリスで権威書の筆頭に挙げられる、アルバート・ヴェン・ダイシー、ウォルター・バジョットの名前を、日本人は高校までに習いません（序章でふれました）。それに比して、イギリスでそれほど尊重されていないジョン・ロックとトマス・ホッブズは必ず登場し、特にロックは途轍もなく強調されています。

よく「英米法」と一括《ひとくく》りにした言い方がなされるのですが、あれは、ほぼアメリカ法で、しかもリベラルの側のアメリカ法です。おまけに、日本の保守の人でもアメリカに留学して、アメリカから見たイギリス憲法の理解でものを言っている人がいます。

たとえば、社会学者であり評論家だった小室直樹《こむろなおき》さんなどは完全にそうでした。小室さんの「イギリス憲法小史」、集英社インターナショナル、二〇〇六年、一三四〜一四二頁、新装版は二〇二三年）を読んでいると、なぜこの話だけが取り上げられるのかと首をかしげる話だけが紹介されるのです。

小室さんのイギリス憲法の解説で、たとえば、同じくイギリスの首相であっても、ウィリアム・ピットは出てこないのに、ディズレーリだけが強調されています。ディズレーリについては第四章「議会」で解説します。ピットは同姓同名の親子で総理大臣を務めた政治家で、父の大ピットは七年戦争を勝ち抜きイギリスの世界覇権を確立、子の小ピットはナポレオン戦争を指導しました。ディズレーリも大英帝国絶頂期の首相で大政治家ですが、ピット親子はイギリス史でケタ違いに重要です。

なぜ、ウィリアム・ピットが登場しないのかと言えば、アメリカ人から見れば世界を征服したイギリスの大臣など関係ないからです。アメリカ人にとって重要なイギリス憲政史だけを取り出して、それを日本人が真に受けて日本に紹介し、さらに真に受ける事態になってしまっていて、なぜかロックやホッブズなどが、ダイシーやバジョットよりも強調されるといった甚だしく歪んだ理解になっているのです。それでイギリス憲法がわかるわけがありません。

それでもアメリカの中でも保守派の人は、アメリカ憲法以前の法を原住民であるインディアンに求めるのではなく、イギリス憲法、ギリシャ・ローマに求めます。その人たちはイギリスを本国ととらえ、イギリス憲法を「本国の憲法」のような言い方をします。「自分たちは歴史の中で憲法を発見しているのだ」という考え方です。

それに対して、リベラル系の憲法の理解は、憲法典の条文に書き込んだものが全てであって、歴史や文化の理解は要らない、そして、自分たちの、その時の一時の多数決で何をやっても良く、どんなものも変えて良いのだとの考えです。

リベラル派の意見にも一理あるのは、多数決でなければ因習は変えられないからです。因習と伝統は紙一重ですから。むしろ、伝統のように扱われている因習を変えるために多数決を持ち込んだ、と言っても良いくらいです。古今東西の歴史を見ても、専制君主であっても伝統法を変えるのは大変です。

最近、「アメリカの分断」と言われているのは、歴史・文化・伝統を認めた上でアメリカ合衆国の憲政を発展させようとする保守と、一時の理性によって何をやっても良いのだと言う人たちの「一時の多数決」との対立なわけです。何を憲法とするのかの憲法観が異なっているのです。

欧米と日本のちがい

根本的な話です。なぜ「人権」などという概念を発明しなければならなかったのか。

欧米では特権階級だけが人間であって、領民は領主の持ち物です。領民は家畜と同じなのです。領主に生殺与奪《せいさつよだつ》の権があります。人間の形をしているけれど、特権貴族は自分の領地に住んでいる領民を同じ人間とは思っていません。世界的にはこうした考えのほうが多数派で、たとえば、フランスの貴族が「自分の土地に住んでいる領民」と「ドイツの貴族」であれば、どちらを同じ人間だと思うかといえば、外国人であるドイツ貴族のほうを同じ人間だと思うのです。ヨーロッパのどこの国であってもそうなのです。これはアジアでも同じで、朝鮮の貴族が「自分の土地に住んでいる領民」と、「中華帝国の貴族」のどちらを同じ人間だと思うかといえば、もちろん、中華帝国の貴族のほうを同じ人間だと思うのです。

ところが、日本は違います。

我が国には、七世紀後半から八世紀後半にかけて編まれた、現存最古の歌集『万葉集』があって、天皇陛下からホームレスまでが同じ日本語で歌を詠んで「日本人だ」との意識があります。日本のような国のほうが特殊なのです。そんな国は日本ぐらい。あったとしても滅ぼされています。

八世紀前半に成立した『古事記』『日本書紀』の時代に、人は殺してはいけません、天皇陛下であっても好き勝手に人を殺してはいけませんという価値観が、建前だけではなくて実態としてもありました。

ヨーロッパでは人が人ではありませんでした。そこで、〝人の形をしている人は「人」です、なぜなら人権というものがあるからです〟と、人権を発明して認めさせていったのが、人権獲得の歴史です。

しかし、そんなもの、日本には要らなかったのです。そんなことをしなくても「人は殺してはならない」となっていたので。北条泰時《ほうじょうやすとき》などはその類《たぐい》の逸話だらけです。読んで字のごとく、民を撫でるように慈しみ大切にする撫民思想《ぶみんしそう》が、建前ではなくて実態として成立しているのです。

財産権の絡みでいうと、「女は男の持ち物である」とする価値観が、日本でもなきにしもあらずなのですが、日本以外の国はそうした観念がより強烈です。たとえば、ロシアでは、そもそも領民は領主様の持ち物です。一般の人民の女性は生まれたときは父親の持ち物で、結婚すれば夫の持ち物です。ところが、その夫が領主の持ち物なので、美人妻を領主が勝手に連れ去ってしまっても、どこにも訴える先がないのです。

人権がない世界とは、そういう世界です。

生命と自由が奪われないだけでなく、財産権が認められないと、人は人ではないとするのが、本来の人権思想です。

つまり、誰もが人が人であるというだけで財産を持つ理由がある、それは幸福を追求する権利なのだということです。つまり、どんなに偉い特権貴族であっても、ただの一般人民であっても、誰の財産でもないとの意味なのです。等しく誰の財産にもならないとする思想があるので、財産権はマイナスをゼロにする権利です。これが認められないのは、人ではないというのと同じなのです。

日本国憲法に財産権などを書き込んでいるから拝金主義がはびこるのだなどと、驚くぐらい頓珍漢な理解をしている人がいるのですが、全然違います。

財産権は、ゼロをプラスにしていく権利ではなくて、マイナスをゼロにする十九世紀的人権です。二十世紀的人権では、そんなものは削って良いとする、社会主義者の思想が入り込んで、どんどん巻き上げて良いのだとする発想になります。改めて強調しますが、コロナ禍で財産権が軽々に扱われたのは二十世紀的人権の発想だったのです。

伊藤博文や井上毅らは我が国の歴史を振り返った上で、人権は外国にとって必要な発明品であろうと考えました。幕末、「お前たちは文明国ではない」「お前たちの法律など守れるか」と不平等条約を押し付けられました。確かに、「切捨て御免」のような行為があって大問題になり、薩英戦争にまで発展した事件もあります。明治維新は、江戸幕府では不平等条約を改正できないので起こした政治改革です。そして「我々は文明国だ」と突きつけたのが、大日本帝国憲法です。詳細は、小著『帝国憲法物語』（ＰＨＰ研究所、二〇一五年）をどうぞ。

帝国憲法には、欧米人がいうところの人権、すなわち、権力者がみだりに一人の国民の生命・自由・財産を奪ってはならないということをはっきり明記しておこうと作られたわけです。人権という概念は日本には要らない概念だけれども、本当に必要な事柄を確認として書き込んだのです。よく「帝国憲法では臣民の権利にすぎず人権の語がないから人権軽視だ」と言われますが、ひどく的外れな話です。

憲法典に何でもかんでもカタログのように並べれば人権尊重になるわけではありません。

3　日本国憲法における人権の考え方

日本国憲法では具体的にどのように人権が考えられているか。日本国憲法の人権は「国民の権利」の言い換えなので、日本国憲法の人権の共有主体は国民です。ここにズレが出ているのです。

憲法の教科書には、皇室・未成年・外国人・法人は人権の例外と書かれています。なぜ人権の例外なのか。

まず、天皇・皇族、皇室の方々は国民ではないので、人権の対象外です。

次に、未成年は国民としての権利は制約されます。ヨーロッパでは、もともと子供はペットと同じです。なにしろ英語だと、性別不特定の場合、子供の三人称に「it」を使用します。

よく「子供の人権」「少年の人権」などと言って、「十八歳一カ月の子供を死刑にするのは憲法違反だ」などと、よくわからない理屈を持ち出す人がいます。当該事件の是非はさておき、それが人権かどうかといえば、少年法は子供が対象なので、特権によって保護されているだけです。人権ではありません。大人と同じ犯罪をやらかしても、更生の余地を与えるとの意味で死刑にされないなど、その他諸々の特権を与えられているのです。もちろん、子供にでも人権はあって、親が子供を殺して良いとはならないわけです。子供にも人権はあるのですが、「子供の人権」はありません。

少年法は少年だけに認められている権利なのであって、人全体に認められている権利ではないのです。それを言い出せば、「銀行法」は銀行という法人だけに認められている権利なので、それは「人権」ではないというのと同じぐらい当たり前の話なのです。

次に、外国人は日本国民ではないので、日本国憲法の人権共有主体の例外になるのは当たり前の話です。無理やり「人権」と読み替えるから、こういう無理な説明をしなければいけなくて、外国人に人権があるのは当たり前なのですが、それは国民の権利を援用しているだけです。「外国人参政権を認めないのは人権侵害だ」などと言うのは、国民の権利を人権とイコールに考えてしまったが故の悲喜劇です。

最後に、法人は、法人ということを認めなければ近代文明ではないのですが、自然人ではありません。だから、選挙権などはあるわけがないのです。しかし、法人の財産権を認めないと大変なことになります。当然、国民の権利とはまた違います。

以上の四つを基本的に押さえておいた上での話になります。


人権といえども無制限ではありません。

ほぼ無政府主義者のジャン＝ジャック・ルソー、あの人もたまには良いことを言いました。「完全なる自由は最も不完全な自由である。なぜならば、他人の自由を侵害する自由も認められるからである」と。それはそのとおりです。そんなのは完全な無政府状態です。ことさらルソー先生に言ってもらわなくても、ホッブズだって誰だって似たようなことを言っているのですが。

人権はその性質上、どうしても完全な自由を認められないので、どこかで制約しなければなりません。「人を殺す自由はありません」から始まって、いろいろ制約する原理があるのです。

では、誰がどうやって制約するのか。これが人権の話で最も難しいところなのです。

フランス憲法にどういうふうに人権を守るかは書いてあっても、どんな人権を守るかは法律に委ねている話はしました。では、フランスの人権の考え方はどのような考え方なのでしょう。

大革命以前のフランスは国王の専制国家でした。それに対して人民の意見を聞く場である議会の同意がなければ個人の権利を侵害してはならないとの考えが出てきました。これを「法律の留保」と言います。法律と命令の違いは議会の存在です。議会によって認められた命令が法律です。つまり、国民の多数決で同意した議会が認めたものを、法律と呼ぶわけです。

立法以外で個人の権利を制約してはならない。それが確立している国が、文明国です。

帝国憲法は法律の留保があってけしからんと言う人が多いのです。ちなみに、今でも行政法では法律の留保は善玉のはずなのに、憲法論だとなぜか悪玉になってしまうことがあります。

それればかりか「帝国憲法は法律の留保がけしからん」と言われるなど、法律の留保そのものを二重三重に否定する人がいます。一例を挙げると、帝国憲法の「臣民の権利」は天皇によって認められたもので、しかも、法律の留保が付いていても、信教の自由に至っては法律の留保すらついていないなどと言い出す人がいます。「法律の留保がついているからけしからん」「ついていないからけしからん」と、いったいどっちなんだか。とにかく帝国憲法が気に入らないという批判でしかありませんが、これで司法試験が通るのですから、いいかげんなものです。

では、どんなに日本国憲法がすばらしいのですかと言えば、「日本国憲法では法律の留保だけではなく、法律を作るときに公共の福祉というものを考えなければならない、さらに厳重に人権が保護されているのだ」といった解釈になっています。ただし、公共の福祉によっては人権制約もあり得るという思想に立っているのですが。

実際の運用を見てみると、昭和三十年代まで、最高裁の判例は主に当時の東大法学部教授宮澤俊義の説に則って、「こういうふうに国会や政府に人権侵害されました」と最高裁に訴えていくと、「それは公共の福祉のために必要なことなのだから我慢しなさい」と、門前払いされ続けました。憲法判例集が「最高裁門前払い集」と揶揄される所以です。

さすがに、「公共の福祉とだけ言えば、国会や政府は何をやっても良い」はなかろう、と、門前払いする理由を整備したのが、宮澤の弟子の芦部信義教授で、基本的にはそのまま今に至っています。

日本国憲法を約八十年も運用した今では、「公共の福祉」でしか正当化できない権利侵害は、言うに事欠いた政府の横暴です。もっとも、コロナ禍では、それすらマトモにありませんでしたが。

それはさておき、日本国憲法の建前です。具体的にどのように人権救済するのか。

立法府や行政府が個人の権利を侵害しても、司法府に訴え出れば良く、裁判所に訴え出れば、三審制なので最終的に最高裁までいけば違憲判決を出してくれて、本当に人権侵害であったなら、そのような法令は無効となるので泣き寝入りはあり得ない。だから、最高裁は「人権の砦」、「憲法の番人」と呼んで良いのだという建前です。しかし、実態はどうかといえば、ここまで見てきたように、そもそも人権制約の原理が曖昧なのです。

憲法学の最大の難問は、誰がどうやって人権救済と人権制約をするのか。特に、人権制約を誰がどうやってするのかです。そして、人権制約の方法が不明確であるというのは、救済手段が不明確であるのを意味します。

フランス憲法で統治だけが書いてあるのは、人権制約と救済の手段を延々と書いてあるからなのです。

我が国では間違っても、巨額の財政出動を認めるような判決は出しません。たとえ一審あたりで出したとしても、高裁あたりでひっくり返します。たとえば「原発差し止め訴訟」などがそうです。

4　新旧憲法比較――日本国憲法における人権の運用実態

何度も繰り返します。憲法典の条文に〝人権カタログ〟を並べるのと、本当に人権を守るのとは、まったく別の問題です。憲法典に書いた条文は本気で全部守ろうと、あえて、憲法典の条文に残す条文はどれかとの発想で、今の日本国憲法の条文を精査していこうというのが、ここでの話になります。

早速、具体論に入っていきましょう。

人権以外の部分と理念規定

日本国憲法における人権運用の実態が具体的にどうなっているかを見ていきますが、日本国憲法の条文を見ていただくと、実態として、人権以外の部分と理念規定の部分があるので、まずはそこを押さえます。

第三章　国民の権利及び義務
第十条　日本国民たる要件は、法律でこれを定める。

第十条は日本国民の要件を認めたもので、これはいじりようがありません。帝国憲法の口語化です。

第十一条　国民は、すべての基本的人権の享有を妨げられない。この憲法が国民に保障する基本的人権は、侵すことのできない永久の権利として、現在及び将来の国民に与へられる。

第十章　最高法規

第九十七条　この憲法が日本国民に保障する基本的人権は、人類の多年にわたる自由獲得の努力の成果であつて、これらの権利は、過去幾多の試錬に堪へ、現在及び将来の国民に対し、侵すことのできない永久の権利として信託されたものである。

人権という言葉が出てくるのは第十一条と第九十七条です。要約すると、第十一条も第九十七条も「人権は永遠に不滅です」と言っているだけです。ついでに言うと、第九十七条はＧＨＱの民生局のおエライさんのホイットニー民政局局長が、どうしても入れたいと言ったので、重複でも良いから削らないでおこうと、ただそれだけのくだらない理由で、「大事なことなので二回言いました」となっています。これを、有名な憲法学者の青井未帆学習院大学教授は「大きな意味が込められているのです」と大真面目に憲法の本に書いています。嘘だと思うなら、青井未帆『憲法を守るのは誰か』（幻冬舎ルネッサンス新書、二〇一三年、四六頁）をどうぞ。

実際、自民党の日本国憲法改正草案で第九十七条は重複だからこれを削る案にしたところ、自民党は人権侵害をする気なのかと言われたのです。第七条の誤植とともに、第九十七条の重複は最も削りやすいところだったのですが。

私が簡文憲法にこだわるのは、とにかく、憲法典に人権の文字があるものを削るのが人権侵害だと言う人を生み出してしまう、それでいて実体的な話は何もやらない、などはあってはならないからです。

第十二条　この憲法が国民に保障する自由及び権利は、国民の不断の努力によつて、これを保持しなければならない。又、国民は、これを濫用してはならないのであつて、常に公共の福祉のためにこれを利用する責任を負ふ。

第十二条は、この権利は濫用してはならない、不断の努力によって守らなければならないなど、本当にただの努力目標です。

第三十条　国民は、法律の定めるところにより、納税の義務を負ふ。

第三十条は、納税の義務が書いてあります。この納税の義務に関しては守られすぎです（令和六年には政治家は三千万円までの脱税はＯＫと滅茶苦茶な運用がなされましたが）。

ただ、自由主義憲法として書かないわけにいかないでしょう。

日本国憲法の三大義務は「納税・教育・勤労」です。帝国憲法の場合は「納税と兵役」です。兵役を書くのは現代では、徴兵制がそんなに合理的なのかといった考え方もあるので、いろいろと工夫をするのが世界の憲法論議です。また帝国憲法の時代にも、徴兵逃れの問題があって、これが憲法違反ではないのかという議論すらありました。ちなみに、帝国憲法の兵役の義務が徴兵逃れによって不平等がはびこっているから憲法違反だと指摘したのが、吉野作造です。軍隊の実態が全然憲法に合っていないではないかと立憲主義の立場から批判したのです。

徴兵の義務や国防の義務などを書けば、国民が国を守るために戦うかというと、それはまったく別の話です。

人権の話とは逆に、保守的な人たちの改憲論で、国防の義務を盛り込んで国民の国防意識を涵養《かんよう》しようとの意見が見られます。憲法典に盛り込めば国民の意識が涵養されるとの発想自体が、リベラル派の発想と、結論が左か右かの違いだけであって、中身はまったく同じです。所詮《しょせん》は日本国憲法の発想から一歩も出ていません。

ちなみに、日本国憲法の三大義務と言われる中で、勤労は権利であり義務です。教育は権利と義務の主体が違います。後段で多少、詳しく触れます。

包括規定

第十三条　すべて国民は、個人として尊重される。生命、自由及び幸福追求に対する国民の権利については、公共の福祉に反しない限り、立法その他の国政の上で、最大の尊重を必要とする。

京都学派では、第九条より第一条が大事だと、佐々木惣一先生や大石義雄先生は長らく言い続けていました。第九条など第一条に比べれば取るに足らぬ問題であるとの認識が、京都学派の正統派の考え方です。

ところが、日本国憲法で最も重要な条文は第十三条だと言う人がいて、しかも保守の人までが言うのですが、なぜ第一条ではないのか、一番大事なことだから第一条に書いているはずではないのかと問いたくなります。

なぜか保守の人までが金科玉条にしてしまう第十三条です。生命と自由は基本的人権でほぼ解釈の余地がないわけですが、問題は幸福追求権です。アメリカは財産権の言い換えとして使っているのですが、我が国は本当に文字通りの意味にとっています。じゃあ、どういう運用をしているか。一九四六年に制定された日本国憲法は、今の世界でほぼ最古の憲法です。日本国憲法が考えられたときより後に生まれた概念が多々あります。たとえば、プライバシー権です。いまだにプライバシー権と片仮名語のほうが定着しているくらいです。他に、アクセス権や肖像権、などなど。だから、第十四条から第四十条までに書いてない権利は、全部「幸福追求権」に含まれるとしているのです。

日本国憲法は誤植も含めて一文字も変わらなかったのですが、社会生活を運用する上で、肖像権などは最高裁が認めています。日本国憲法にはないけど認めている人権です。みだりに撮影されない権利です。元となった事件では、デモ隊は警察に撮影されたのを、「これは肖像権侵害だ」と言って訴えると、裁判そのものはデモ隊のほうが負けたはずでしたが、肖像権を認めたので、教科書にその部分だけがことさら強調されて書いてあります。

要するに、日本国憲法に書かれていない権利を指して「新しい人権」と言っています。もちろん、全部第十三条の「幸福追求権」に含まれます。

最高裁が「新しい人権」をいくつ認めているかに関しては議論があって、一番多いので四つぐらい。どの四つを認めているかにも議論があります。一番少ないのだとゼロですが、ゼロはさすがに問題だと思います。

裁判所の判決文は教科書に載ってしまうこともあり、後で何か変な言いがかりをつけられないように、言質《げんち》を取られないように書く人が多いので、実際、そういう解釈の余地が出てくるのです。

最高裁の判決をそのまま、次の憲法改正のときに条文に盛り込もうとする考えがあります。たとえば、信教の自由などに、津地鎮祭判決（昭和五十二年）の政教分離に関する目的効果基準を、そのまま条文に書き込もうと考えている人がいるのです。

しかし、そもそも、日本国憲法の条文と最高裁の判例を繋ぎ合わせれば自主憲法だと考える発想はいかがなものでしょうか。

自主憲法であるならば、日本国憲法の発想から離れて考えるべきでしょう。

日本国憲法第十三条は、アメリカ独立宣言の、はっきり言ってしまえばパクリなのです。自由主義憲法である以上、第十三条はなくしてしまったほうが良いと思うのですが、ただ、なくして良いのかといった問題があるのも確かです。

第十三条は「包括的人権」と言われます。これをなくすと何が問題なのかというと、日本国憲法の条文に書いていない権利を訴えるときに、全て「幸福追求権」に含めるというようになっているので、無いと、裁判所が書いてない権利に対応できないのです。今では、「困ったときの幸福追求権」といった扱いです。実際、それがどれくらい認められているかは議論の余地があるとしても、そういうものがあると、人権救済がしやすい可能性はあります。

実務的にいうと、通常、憲法裁判というのは、国会が作った法律が憲法に違反している、行政が出した命令や行った行為が憲法に反しているというように、この世に存在しているものが合憲か違憲かと争うのですが、問題は包括的人権規定がないと、立法不作為、つまり、本来ならば作っておかなければならない法律がなかった場合に政府の責任を問えなくなる可能性があるのではないか、ということです。

幸福追求権があったから人権が守れるかという話はともかくとして、無いと困るのではないかというのも一理あるので、なくさない方法も一つ考えてみようと、『世界憲法集』(高橋和之編、岩波文庫、新版第二版、二〇一二年)から探してみました。ちなみに、『世界憲法集』は共和国の憲法しか載っていない不思議な比較憲法の条文集です。

参考1　ドイツ連邦共和国基本法

第一条

（1）人間の尊厳は不可侵である。これを尊重し、かつ、保護することは、すべての国家権力の義務である。
（2）ドイツ国民は、それゆえ、世界におけるあらゆる人間共同体、平和及び正義の基礎として、不可侵かつ不可譲の人権に対する信念を表明する。
（3）以下の基本権は、直接に適用される法として、立法、執行権、裁判を拘束する。

一つはドイツ連邦共和国憲法で、「人間の尊厳を守りましょう」とあります。ドイツ憲法はかなり繁文に書いていています。第一条が人権ですが、「人間の尊厳」であって、人権という言葉ではありません。

参考2　スイス連邦憲法

第七条　人間の尊厳は、尊重され、保護されなければならない。

参考の二つ目としてスイス連邦憲法です。これは非常に簡潔です。アメリカ独立宣言を押し頂くよりは、スイス憲法の条文を参考にして「人間の尊厳は保護されなければならない」と、あえて残すなら、これくらい簡潔にするのが良いかなと思います。

「尊重」と「保護」のどちらが大事だろうかと考えた場合、「尊重」は何をやれば尊重なのか。「保護」ならば、保護は具体的な行動を前提としているので、何をやれば保護なのかはともかく、人権を守る法律を作りましょうとなるので、こちらを考えたいと思います。

平等権

日本国憲法に戻ります。

第十四条　すべて国民は、法の下に平等であつて、人種、信条、性別、社会的身分又は門地により、政治的、経済的又は社会的関係において、差別されない。
② 華族その他の貴族の制度は、これを認めない。
③ 栄誉、勲章その他の栄典の授与は、いかなる特権も伴はない。栄典の授与は、現にこれを有し、又は将来これを受ける者の一代に限り、その効力を有する。

第十四条は平等権と言われていて、いわゆる「法の下《もと》の平等」です。どうして法のほうが上にあるのだ、「法の前の平等」だろうといった議論もあるのですが、ほぼ揚げ足取りなのでそこはさておいて。

第十四条は、もともとは華族制度の破壊が目的です。皇室は残すけど、華族制度は破壊する、がGHQの目的です。

第十四条は、揉める理由を生み出す条文です。国政選挙が一票の格差に違反するとされる根拠が、第十四条を文字通り読めばその通りになってしまうからです。それがどれほどの意味があるのかという議論はさておき、こういう条文が憲法典に書かれている以上、文字通りに読めばそうした議論が出てくるのは仕方がないでしょう。

そこで、最高裁がどういう運用をしているか。まず、「どうやら今回、最高裁が違憲判断をしそうだ」というだけで、新聞の一面沙汰になります。それくらい、最高裁は違憲判決をしません。

本当に違憲なときでも「違憲状態判決」というのがあって、これは警告です。この状態を国会が放置すると違憲になりますよ、だから、今のうちに法律を変えなさいとの警告です。その時点で形式上の人権救済はなされません。

これまで一票の格差に関する違憲判決は、二例出ました。しかし、やり直させたわけではありません。「事情判決」という、行政法の理論を援用して、「やると大変なので、やりなおさなくていい」との判決を出しました。「一票の格差がある状態は人権侵害だ」と最高裁にまで訴えて、ハードルを全部乗り越えて、やり直さないと人権救済にならないはずなのですが、本当にやり直した例はゼロです。

ちなみに、大日本帝国では、よりによって最も悪名高い大政翼賛会の翼賛選挙のときに、やり直し判決を一件、出しています。昔は選挙区ごとにやり直しを求める裁判があり、東條英機《とうじょうひでき》の圧力を無視して、裁判長の吉田久《よしだひさし》さんがやり直しを命ずる判決を出させたので、「気骨の判決」と言われています。

精神的自由

人権の中で最も根源的な権利は、心の中では何を考えていても良い自由です。ウェストファリア条約以来の話をし出すとキリがないのでここでは省略しますが、小著『ウェストファリア体制』（PHP新書、二〇一九年）をご参照ください。

心の中では何を考えても良い自由とは、具体的にはどの宗教を信じても良い、だったのです。これは、新旧憲法を比較します。

帝国憲法

第二十八条　日本臣民ハ安寧秩序ヲ妨ケス及臣民タルノ義務ニ背カサル限ニ於テ信教ノ自由ヲ有ス

日本国憲法

第十九条　思想及び良心の自由は、これを侵してはならない。

第二十条　信教の自由は、何人に対してもこれを保障する。いかなる宗教団体も、国から特権を受け、又は政治上の権力を行使してはならない。

② 何人も、宗教上の行為、祝典、儀式又は行事に参加することを強制されない。
③ 国及びその機関は、宗教教育その他いかなる宗教的活動もしてはならない。

帝国憲法の場合は信教の自由は書いていましたが、内心の自由は書いていません。日本国憲法の場合は先に第十九条に内心の自由を書き、第二十条で信教の自由を書いています。帝国憲法の場合は、心の中で何を考えても良いという権利を無理やり書いても、そんなものは裁判規範たり得ないのでわざわざ書く必要もないだろうとの判断で書きませんでした。

マッカーサーは「戦前の日本はこれを破っていたのだから書け」と言って書いて、自分が真っ先に破りました。それが昭和二十五（一九五〇）年前後に、日本共産党員やその支持者らが免職、解雇されたレッドパージ事件です。

日本国憲法の信教の自由を規定した第二十条第一項前段は、帝国憲法の劣化コピーのようなところがありつつも、許容できるものなのです。しかし、第一項後段・第二項・第三項は、靖国神社を狙い撃ちにしたような条文です。暗号のようなものなので、読み解いておきましょう。

靖国神社は、国から特権を受け、又は政治上の権力を行使してはならない。
② 何人も、靖国神社の行為、祝典、儀式又は行事に参加することを強制されない。
③ 国及び靖国神社は、宗教教育その他いかなる宗教的活動もしてはならない。

意味が通じてしまいました。小泉純一郎総理大臣が「なぜ一月四日に伊勢神宮に参拝しても誰も文句を言わないのに、八月十五日に靖国神社に参拝すると文句が出るのか」と言っていましたが（「小泉総理インタビュー」平成十八年八月十五日。データベース「世界と日本」https://worldjpn.net）、その通りです。ちなみに社会党の村山富市首相も、伊勢神宮には参拝しています。

そもそもの条文が恣意的に作られているので、日本国憲法第二十条にこだわらず、本来の信教の自由（内心の自由）のお話をします。

心の中では何を考えていようが、どんな宗教を信じていようが自由なのだけれども、それを、たとえば、布教する、表現する、行事を行うなど、外形的行動に出した場合は制約されます。心の中は完全な自由だけれども、表現も含めて、それを話す行為も含めて、外に出すと制約され得るというのは、それはある意味当然なのですが。

日本国憲法
第二十一条　集会、結社及び言論、出版その他一切の表現の自由は、これを保障する。
②　検閲は、これをしてはならない。通信の秘密は、これを侵してはならない。

第二十一条は表現の自由そのものです。第二十一条の第二項は検閲の禁止、通信の秘密なので、これは別です。ちなみに、第二十一条の第二項は、この条文自体が検閲されながら検閲の禁止を盛り込むという、冗談にならない歴史を持っています。

表現の自由の場合は、メディアの発達を前提にしなければなりません。たとえば、憲法第二十一条ができたときには、インターネットは存在しませんでした。時代の変化に対応できる事態を想定した条文にしておくべきなので、むしろ、具体的には法律で対応すべきことが多いかと思います。憲法典に盛り込むならば、かなり抽象的な表現にしておかないと、いちいちその都度、憲法改正する羽目になってしまうので、後が大変です。

第二十二条は、いったん飛ばします。

日本国憲法
第二十三条　学問の自由は、これを保障する。

第二十三条は学問の自由で、これはほぼ争いがないところだと思います。第二十三条でいうところの「学問の自由」とは、研究の自由、発表の自由、教授の自由、大学の自治を指すとの理解が通説で固まっています。実にすばらしい内容だと思うのですが、実際は補助金を握っている文科省の機嫌次第で右往左往している大学に、何の学問の自由でしょうか。

帝国憲法の場合は、基本的に憲法は政治のルール、統治の規範であり、裁判規範です。教育は行為規範、内面の問題であり道徳であって、そもそも憲法典でやることではないから、帝国憲法と「教育勅語」を別にしました。たとえば、「兄弟仲良くしましょう」は道徳であって、法律ではありません。そこを混同した憲法論議があります。「家族の尊重」などはその典型だと思います。
守れない権利を書いても仕方がないですし、単なる道徳を書き込むのもいかがなものでしょうか。

身体的自由権

心の中の次に、生命・身体の自由です。平たく言うと、権力者が勝手に気に入らない人間を死刑にしたり、あるいは懲役や禁固のように牢屋にぶち込んだりできないようにしようというのが、人権の根源です。

日本国憲法
第十八条　何人も、いかなる奴隷的拘束も受けない。又、犯罪に因る処罰の場合を除いては、その意に反する苦役に服させられない。

第十八条で「奴隷的拘束」の語が使われています。これは帝国憲法にない条文です。さらに戦後の憲法学では、この条文を理由に徴兵制禁止と、よくわからないことを言い出す人がいます。
第十八条は何のためにあるのかわからない条文です。人権尊重の観点から言うなら、時給労働者のサービス残業がまかり通っている時点で、この条文の価値とは何なのだろうと思ってしまいます。
条文を少し飛んで、身体の自由は日本国憲法の第三十一条から第三十九条にも書かれています。いくつかは帝国憲法と同じものがあるのですが、アメリカであれば刑事訴訟法で書くような内容です。ここまで詳細に書く必要があるのかといった条文です。

第三十一条　何人も、法律の定める手続によらなければ、その生命若しくは自由を奪はれ、又はその他の刑罰を科せられない。

第三十一条は、帝国憲法にある内容です。これは「デュー・プロセス」と言われて、生命・自由・財産を奪うときには法律によらなければならないとする考えです。何度も言いますが、選挙で選ばれた人が法律で認めていないのに、個人の権利を侵害してはならないという意味です。極めて重要な条文で、これをなくすと大変なことになります。

第三十二条　何人も、裁判所において裁判を受ける権利を奪はれない。

第三十二条は刑事裁判を受ける権利です。民事裁判を起こす権利でもあります。

第三十五条　何人も、その住居、書類及び所持品について、侵入、捜索及び押収を受けることのない権利は、第三十三条の場合を除いては、正当な理由に基いて発せられ、且つ捜索する場所及び押収する物を明示する令状がなければ、侵されない。
②　捜索又は押収は、権限を有する司法官憲が発する各別の令状により、これを行ふ。

第三十五条は住居不可侵の権利はある、つまり、公権力は勝手に人の家に入るなと言っています。ここまで三十条台に詳細に規定をしているのは、戦前の警察、検察が横暴であって、裁判所が無力であったという前提で作られている条文なのです。ならば、現行憲法典で劇的に改善されているのか。どれほどの個人の権利が守られたか。

司法に関しては昔も現代も山のように問題はあるわけなのですが、一応、建前上、裁判所が行政権力に対して許可をするという体裁になっているのです。それならば、刑事事件の起訴後有罪率が九十九・九パーセントであるとか、捜査令状、逮捕令状、その他令状の許可率が八割を切ったことがないなど、裁判所は一体何をやっていらっしゃるのかというところの見直しが必要ではないでしょうか。

以上のように、日本国憲法の三十条台でいくつ残すのかというと、それほど残さなくて良いのではないかと考えています。

経済的自由権

何もしていないのに、権力者の好き勝手に殺されたり、牢屋にぶち込まれたりしないのと同様に、財産も奪われない権利も基本的な人権、人間が人間であるための権利です。

帝国憲法
第二十二条　日本臣民ハ法律ノ範囲内ニ於テ居住及移転ノ自由ヲ有ス

日本国憲法
第二十二条　何人も、公共の福祉に反しない限り、居住、移転及び職業選択の自由を有する。
②　何人も、外国に移住し、又は国籍を離脱する自由を侵されない。

日本国憲法第二十二条の第一項は、帝国憲法を改正した条文です。居住移転の自由の解釈から営業の自由を導き出していましたので、現行憲法への改正の際に、広く「職業選択の自由」としました。当然、営業の自由を含みます。

第二十二条は「公共の福祉に反しない限り」と付いています。日本国憲法の人権は「公共の福祉」の制約があったりなかったりする基準が非常に不明確なのです。「公共の福祉」は「みんなのために」以上の意味があるのかどうなのか、よくわかりません。

コロナ禍では、この「公共の福祉」が「自粛」の根拠にされました。政府見解がどうなっているか知りませんが、自粛推進派の医者として有名な西浦博氏がＳＮＳで根拠として持ち出したのは確かです（救国シンクタンク叢書『コロナ禍を記録する』総合教育出版、二〇二四年、七三—七四頁）。

第二項の国籍離脱の自由などというのは憲法典に書く話ではありません。憲法は〝日本国民〟の問題ですので。

帝国憲法
第二十七条　日本臣民ハ其ノ所有権ヲ侵サルヽコトナシ
公益ノ為必要ナル処分ハ法律ノ定ムル所ニ依ル

日本国憲法
第二十九条　財産権は、これを侵してはならない。
②　財産権の内容は、公共の福祉に適合するやうに、法律でこれを定める。
③　私有財産は、正当な補償の下に、これを公共のために用ひることができる。

はっきり言って、第二十九条は、条文だけ見ると、日本国憲法のほうが帝国憲法より優れています。補償の規定があるので。ところが、極めて優れた改正憲法にしておきながら、コロナ禍では守られていません。条文だけ立派で守られていない〝人権カタログ〟の筆頭です。

そもそも帝国憲法の時点で、戦時中に行われた国家総動員法は憲法違反です。補償もなしに個人の財産を「非常時だ」の一言で取り上げたからです。「非常時だ」と言うのと、「コロナだ」と言うのは、何が違うのか。帝国憲法ですらやってはいけないことを、日本国憲法でもやってしまいました。

日本国憲法の第二十九条で常に揉めるのが「補償」です。「補償」とは、一体どれほどすればよいのか。

十九世紀的人権の考え方では、財産額と同等の「完全補償説」でなければなりませんが、二十世紀的人権の考え方では、諸般の事情を総合的に勘案して相当と認められれば良い「相当補償説」になります。

実際には、運用が大事なので、条文には守るべき原則を書いておくだけにした方が良いです。本当に、個人の財産を取り上げる必要がある場合を考えましょう。

たとえば、食中毒を出したお店に営業停止を命令する。営業できないので、財産権の侵害です。こういう場合は、補償は不要だというのは、現在では確立した運用になっています。食中毒を出したまま何もしないで営業の自由を認めると危険なのは、自明でしょう。ただし、最小限の規制でなければなりませんが、これを専門用語で「警察目的の消極規制」と言います。難解ですが、詳しくは『自由主義の基盤としての財産権――コロナ禍で侵害された日本国民の権利』（総合教育出版、二〇二二年）をどうぞ。

逆に、防衛力整備の為に土地収用が必要な場合、買い叩くよりも相場の額よりも多めの額を出しても良いのではないでしょうか。国の防衛の為という「みんなの為」に、個人の財産を取り上げるのですから、税金から多めの額を出しても問題はないでしょう。むしろ、土地収用が早く進むでしょう。補償金狙いで居座る人間は出るでしょうが、そこは運用です。

受益権（国務請求権）

帝国憲法に無く、日本国憲法で入ったのが「国務請求権」あるいは「受益権」とも言われる、国や地方公共団体に個人が権利を侵害された場合に賠償請求する権利です。

人権侵害をしたところで制裁がないのであれば、権力の側はやるでしょう。だから、こうした権利がなければ人権尊重にはならないのだという議論が戦前からありました。

そもそも、帝国憲法時代の政府がそんな立派なものかというと、「国家無謬説」などという考えがあって、平たく言うと、政府は悪くないのだと、官僚は悪くないのだとする前提の理論がはびこっていて、今に至っているわけです。

まず請願権です。日本国憲法では公権力による損害からの救済その他に関する請願に関する規定なので、受益権に含まれています。

日本国憲法
第十六条　何人も、損害の救済、公務員の罷免、法律、命令又は規則の制定、廃止又は改正その他の事項に関し、平穏に請願する権利を有し、何人も、かかる請願をしたためにいかなる差別待遇も受けない。

第十六条は請願権です。これだけ陳情行政が一般化している時代の請願権は、イギリスの「マグナ・カルタ」のように、骨董品としての意味、歴史的文書として残す意味があるのか、ないのかでしょう。

日本国憲法
第十七条　何人も、公務員の不法行為により、損害を受けたときは、法律の定めるところにより、国又は公共団体に、その賠償を求めることができる。

第十七条の内容は、まさに戦前から言われていた権利です。

第三十二条　何人も、裁判所において裁判を受ける権利を奪はれない。

第三十二条は先ほども出てきましたが、刑事事件としては裁判を受ける権利なのだけれど、民事上は裁判を起こす権利であり、裁判の種類によって性質が変わるということです。

第四十条　何人も、抑留又は拘禁された後、無罪の裁判を受けたときは、法律の定めるところにより、国にその補償を求めることができる。

第四十条は第十七条を実態化させる、賠償を具体化させるための権利です。

社会権

昔は基本的人権と区別されて、普通の人権とされていたのが「社会権」で、典型的な「二十世紀的人権」です。

生命・自由・財産はこれが認められないと人間ではない、マイナスをゼロにする権利です。それに対して、社会権は人間として最低限は人間なのだけれど、それでは人間らしく生きられないと、ゼロをプラスアルファにしていく権利なのです。

基本的に社会権と呼ばれるものは全部削ったほうが良いと個人的には思っています。

日本国憲法

第二十四条　婚姻は、両性の合意のみに基いて成立し、夫婦が同等の権利を有することを基本として、相互の協力により、維持されなければならない。

② 配偶者の選択、財産権、相続、住居の選定、離婚並びに婚姻及び家族に関するその他の事項に関しては、法律は、個人の尊厳と両性の本質的平等に立脚して、制定されなければならない。

第二十四条は、いろいろと問題がある条文です。

帝国憲法の最後の総選挙で婦人参政権が認められていたので、そのときに当選した女性議員が日本国憲法に四つほど男女平等事項を盛り込んでいます。その中の一つがこれです。

どれぐらい盛り込んでいるかというと、たとえば、この第二十四条や後で説明する第二十六条は「その保護する子女に普通教育を受けさせる権利」となっていますが、もともと「子弟」だったのを「子女」にさせたなど、そのレベルです。他に、第十四条の法の下の平等、第四十四条で国会議員の選挙権被選挙権で、性別差別の禁止を例示していることです。

第二十四条は、両性の平等と婚姻です。どこからどう見ても男と女の平等としか読めません。常人の普通の日本語の読み方としては、どこをどう読んでも、第二十四条がある以上、憲法改正しなければ同性婚は認められません。

同性婚を認める、認めないは政策論です。憲法論としては、この第二十四条がある限り、絶対に同性婚は認められない。これこそ、繁文憲法の弊害です。余計な文言を書くとろくなことがないという典型例です。

第二十五条　すべて国民は、健康で文化的な最低限度の生活を営む権利を有する。
②　国は、すべての生活部面について、社会福祉、社会保障及び公衆衛生の向上及び増進に努めなければならない。

第二十五条はワイマール憲法からもってきた条文で、健康で文化的な最低限度の生活を営む権利は、誰でも知っている条文です。

ただし、実態は努力目標です。実際、最高裁はそう言い切っています（朝日裁判、昭和四十二年最高裁判決）。そして、それを認めたくないのが憲法学で、「法律があれば、これは裁判規範たり得る」とする抽象的権利説が通説です。

第二十六条　すべて国民は、法律の定めるところにより、その能力に応じて、ひとしく教育を受ける権利を有する。
②　すべて国民は、法律の定めるところにより、その保護する子女に普通教育を受けさせ

る義務を負ふ。義務教育は、これを無償とする。

第二十六条は、これは教育を受ける権利と同時に、珍しく義務が書いてあります。しかし、権利主体と義務主体が違うのです。子供には等しく教育を受ける権利があって、大人が教育を受けさせる義務を負います。そう書いてはありませんが、実態として。

そして、義務教育の無償の範囲はどこなのかとなります。教科書代は無償の範囲に含まれるのか、給食代は含まれるのかと裁判をやった例があります。これこそ、法令や予算で扱う話であって、憲法典でやる話なのかと大いに疑問です。

また、高校まで義務教育及び無償化を憲法典で書けと言う人もいます。さらに、国によってはその範囲を大学教育まで広めよう、つまり、大学教育を等しく受けられる権利がないと、階級国家になるのではないかとの考え方をとる国もありますが、それは法律で決めたほうが良いと思います。予算によって左右される政策を憲法典に書くのには反対です。

そもそも、国家の教育に対する責任とはなんでしょう。文盲を生み出さない以外にあるのでしょうか。読み書き計算ができないと、生きるのに困ります。政府だけの責任ではなく、学校も必要ですし、何より親の責任です。だから義務教育があります。

しかし、それ以上が、どこまで必要なのか。学校は、たとえば、いじめで殺されてでも、故あって引きこもりの子供までを引きずり出してでも行かせる場所でしょうか。もちろん「不登校の自由」

を主張している〝ゆたぼん〟のような子供ばかりでも困りますが。
そう考えると、学校の認可が異様に厳しすぎるのも問題です。フリースクールの何が問題なのか。勉強しか教えない学校と、塾とどう違うのか。それは、憲法論議ではなく政策論なので、省略します。

第二十七条　すべて国民は、勤労の権利を有し、義務を負ふ。
②　賃金、就業時間、休息その他の勤労条件に関する基準は、法律でこれを定める。
③　児童は、これを酷使してはならない。

第二十七条で勤労の権利などというものが書いてあるので、子供タレントは紅白歌合戦に出られないのか、子供タレントを出すと児童虐待になるのではないかなどと問題になりました。そんなことは法律でやることで、憲法で決めることではないでしょう。

第二十八条　勤労者の団結する権利及び団体交渉その他の団体行動をする権利は、これを保障する。

第二十八条は労働者の権利が書いてあるのですが、これは労働基準法で十分ではないかと考えます。労働基準法であれだけ立派な条文を書いてあるのに、憲法典に書く必要があるのか。

日本国憲法の条文の前のほうに戻って、この項の最後に第十五条です。

第十五条　公務員を選定し、及びこれを罷免することは、国民固有の権利である。

②　すべて公務員は、全体の奉仕者であつて、一部の奉仕者ではない。

③　公務員の選挙については、成年者による普通選挙を保障する。

④　すべて選挙における投票の秘密は、これを侵してはならない。選挙人は、その選択に関し公的にも私的にも責任を問はれない。

第十五条は参政権、政治に参加する権利が書かれています。人権を守るためには国民全員が政治に参加する権利があって、主に選挙、それから公務員に就任する権利があって、という権利を書いているのです。しかし、参政権はもともと特権です。人権ではありません。繰り返しますが、これがなくては人間ではないという権利ではないのです。

参政権のように国民の権利ではあるけれど人権ではない、特権にすぎないものを人権だと言うから間違うのです。だから、「外国人参政権を認めないのは人権侵害だ」などといった二重に間違った議論が出てくるわけです。そもそも国民の特権であるものを、国民ではない人に認めなくても、人権侵害でも何でもないわけです。

5　自由主義憲法草案　条文解説

以上をふまえて、草案を作りました。とにかく簡文憲法で作りました。〝人権カタログ〟を並べ出せばきりがありませんし、それをやりだすと時代の変化でしょっちゅう憲法改正しなければならなくなります。

何度も繰り返しますが、きれいな条文を書いて、それでいざ裁判をやってみると、最高裁が毎回門前払いするような、日本国憲法下の愚かな運用をこれ以上増やしても仕方ありません。

もう十年近く前になりますが、環境権を憲法典に盛り込むべきだという議論が盛んになっていました。公明党も環境権であれば認めてくれるのではないかと、何でも良いから憲法改正しようとの保守の議論がありました。しかし環境権を書いている国では、公害訴訟を乱発させるだけなのが実態です。

たとえば、「地球環境を守りましょう」と憲法典に書いて、東日本大震災のときのような事故が起きて、兆の単位の賠償金を払わなければ済まないような大惨事が起きたときに、国家が破産するような多額の賠償金を本当に払って人権を守るのか。それとも、単なる努力目標なので、お金がないときには払わずに門前払いをするのか、という間抜けな話になってしまうので、やめたほうが良いでしょう。

本当に必要な内容だけ書いて、絶対に守る。これが自由主義憲法の根源です。

きれいごとを書いていても、お金がなければ生活保護が必要な人を守りませんというワイマール憲法みたいな恥ずかしい憲法がありました。同じようなことは日本国憲法でもあります。逆に、今は弱者特権などと言われています。お金があれば、たかりに来るような弱者利権のような行為を認めるような話はやめたほうが良いです。教育無償化などは、政策として反対しませんが、憲法典で固定化させる必要はありません。

また、「家族の尊重」といった、裁判規範たり得ないような単なる道徳は書かない。どうしてもその類の条文が欲しければ教育基本法に書く。なんなら、いっそ「教育勅語」を復活させれば良いのです。今の時代に「教育勅語」が復活して喜ぶ人はそれほどいるとは思えませんし、むしろ、天皇陛下に責任が及ぶような話は、現時点ではやめたほうが良いと私は思いますが。

以上を原則として具体化したのが、自由主義憲法草案です。

どのように具体化したのかというと、人権の歴史的経緯と帝国憲法、それから現代の権利分類を参考に、かなり並べ直しました。

さきほどまでの日本国憲法の解説では、条文があっちへ行ったりこっちへ行ったりしたのですが、そうならないように並べ方で工夫しました。

第三章　国民の権利及び義務

第九条　人間の尊厳は、保護されなければならない。

前章までで第八条まで記したので、第九条からです。人権という言葉は使っていませんが、同じ内容です。この憲法典の第十条以下に書かれていない権利も保護するための規定です。

第十条　日本国民の要件は、法律で定める。

第十条は国民の要件になります。これは中身に関しては議論の余地がないところですが、まずは、国民の要件は書いておかなければならないとの考えで、極めて簡潔に国民の要件を定めました。

第十一条　日本国民は、法律の定めるところにより、請願を行うことができる。

請願権を残したのは、歴史的文書《ぶんしょ》としての価値であると考えます。そういうことすらまともに認められていない時代が長かったのだという歴史を残すイギリス憲法の思想と同じです。

第十二条　日本国民は、法律に定める資格に応じ、公務員になることができる。

2　衆議院議員若しくは参議院議員又は法律で定める特別の公務員の選挙権及び被選挙権

は、日本国民固有の権利である。

3　前項に規定する者の選挙については、普通選挙が保障される。

これは参政権です。帝国憲法の文武官就任権の改正規定であり、現行憲法第十五条にも盛り込まれている内容です。

第三項の「前項に規定する者の選挙については、普通選挙が保障される」は、いわゆる、特別職公務員に関しては外国人参政権を一切認めないと、より強調する形です。これはなくても、現行憲法でも問題はないのですが、あえて書きました。

憲法典の条文がどんどん増えていくというのは、守らない人間がいたという恥ずかしい歴史を並べることだから最小限にしたいのですが、外国人参政権が可能であるとの解釈の余地をなくすためにあえて入れました。

第十三条　日本国民は、心の中でいかなる宗教を信じることも自由である。

2　他者の権利を損なう行動をとらない限り、いかなる権力も宗教活動や宗教的結社に対し制限を加え又は禁止してはならない。

国民の要件があって、参政権があって、全員が政治に参加する権利があり、これは「マグナ・カルタ」以来求めてきた人権の歴史です。

次はウェストファリア条約です。

第十三条は信教の自由にしました。内心の自由は裁判規範たりえないので削除。だからと言って人の心に権力が踏み込んで良いのではなく、当たり前すぎるから書かないだけです。

主語は「日本国民は」にしました。「何人《なんぴと》も」にするか、「日本国民は」にするかは、同じものなのですが、この箇所だけでなく、すべて主語を「日本国民は」にしたのは、当然、外国人にも適用できるものは相互主義で自動的に認められるからです。よって、信教の自由が外国人には認められないなどという解釈は成り立ちません。そんな解釈が成り立つ国は多分、憲法典に何を書いても無駄です。

第二項は、要するに、人に迷惑を掛けなければ布教も含めて自由であるとの意味です。法律によって制約して良いわけではない、との意味です。

第十四条　日本国民は、法律に反しない限り、表現の自由を有する。

2　日本国民は、法律に反しない限り、政治活動の自由を有する。

3　日本国民は、政党を結成する権利を有する。政党の要件は、法律で定める。

第十四条は表現の自由です。「日本国民は、法律に反しない限り、表現の自由を有する。日本国民は、法律に反しない限り、政治活動の自由を有する」。制約原理は法律です。そして、第二項が政治活動の自由で、その中で政党活動を第三項で規定しました。つまり憲法典で「政党法を作れ」と要求しています。憲法は政治のルールであり、そのプレイヤーは政党なのです。政党法がないのに、その政党の要件がいきなり政党助成法に出てくるといったおかしな法体系になっているのが現状です。政党法が無い限り第十四条第三項は死文なので、政党法を作れと要求するわけです。

表現の自由と政治活動の自由は、我が国でいえば自由民権運動以来に由来します。憲法史でも歴史学でも自由民権運動がすばらしいという局面だけを強調していて、政府の側はそんなすばらしい自由民権運動を弾圧するだけだったという、極めて一面的な歴史観です。しかし、逆に政府の立場からすれば、これだけ迷惑をかけられたけれども、彼らの権利を認めたのだという歴史もあるわけなのです。どちらが正しい・間違っている、良い・悪いではなくて、そういう歴史を、事実をふまえた上で憲法典の条文を書くと、第十四条のようになるわけです。

第十五条　日本国民は、法律で特別の定めをした場合を除き、通信の秘密を侵されない。

第十六条　日本国民は、法律の定める手続によらなければ、その生命若しくは自由を奪われ、又はその他の刑罰を科せられない。

2　日本国民は、抑留され、又は拘禁された後、無罪の判決を受けたときは、法律の定めるところにより、国にその補償を求めることができる。

第十七条　日本国民は、行政権力から独立した裁判官の裁判を受ける権利を奪われない。

第十八条　日本国民は、その住居、書類及び所持品について、侵入、捜索及び押収を受けることがない権利を、裁判所が発する令状がなければ、侵されない。令状の要件は、法律で定める。

第十五条から第十八条は、身体的自由権です。今の憲法典の三十条台がかなりの繁文になっているので、最低限のものだけを残した形です。

第十五条の「法律の特別の定め」とは、犯罪捜査の場合です。また、インテリジェンス機能強化とも関係します。いついかなる時も通信傍受ができないのは困りますが、原則としてはやってはならない。やる場合は、選挙で選ばれた人の集まりである議会が法律で認めねばならないとの規定です。

第十六条がデュー・プロセスです。そして、ここの第二項で国家賠償請求権を含めました。第十七条が裁判を受ける権利。第十八条が住居不可侵の権利です。

第十九条　日本国民は、法律に反しない限り、居住、移転及び職業選択の自由を有する。

第二十条　日本国民は、その財産権を侵されない。

2　私有財産は、法律の定めるところにより、完全な補償の下にこれを公共のために用いることができる。

大事なことは第二十条で、これは自由主義憲法の肝です。

第二十条の第一項の条文は、議論の余地がないと思います。

問題は、どの程度侵されないのかといった議論になるのですが、もちろん、第二項で公共のために用いることがあるとあり、絶対不可侵ではありません。その制約原理は法律です。そして、単に法律があれば個人の財産を巻き上げて良いわけではなく、「完全な補償」がなければいけない。

コロナ禍のように、「補償」という概念を認めず、政府に協力した人間にだけ補助金を出すような運用は論外です。

確かに「完全な補償」と書くと、「補償」の必要性を否定する判断を助長するかもしれません（前出のとおり、警察目的の消極規制など、一定の場合には補償は不要とされています）。

さらに言うと、今の日本には政府のアドバイザーである医者が科学的に間違った意見を言った場合、正す方法がないのです。憲法学でも議論になることはあるのですが、「医師の見解」は絶対であって、現実政治においてもその誤りを正す方法がありません。これは知っている人はもともと知っていましたが、コロナ禍であからさまになりました。

憲法典に「政策の検証を行え」と書いても行うわけではないので書きません。ただし政策の検証は実際の政治と行政の運用で行わねばならず、それは重要な憲法論議です。

なお、社会権はすべて削除しました。

次は義務です。

第二十一条　日本国民は、納税の義務を負う。この義務の内容は、法律で定める。

第二十二条　日本国民は、公益のため必要な役務に服する義務を負う。この義務の内容は、法律で定める。ただし、本章の規定に反することはできない。

納税の義務は帝国憲法でも問答無用の義務で、日本国憲法にも残っていて、どんな税であるかは別にして、納税そのものを否定はできないでしょう。

第二十二条は、新設する条文です。帝国憲法では兵役の義務がありましたが、さすがにそれは時代にそぐわないので、現代的表現にしようという考えです。

この「兵役」がなぜまずいのか。軍事合理性に徴兵が適うのか適わないのかといった問題を考えねばなりませんが、言い出せばキリがありません。確かに全国民を徴兵するのは今の現代戦の時代に何の意味があるのか。しかし一方、戦時徴用はしなくて良いのか。海峡封鎖のような事態になったときに、石油会社の船が政府に協力してくれないと大変な事態になります。それをどこまで法律に依存して良いのか。そうしたときに、明らかに政府に権限を集中させて、個人の権利を制約する法律を作る根拠として、「公益のために必要な役務」ぐらいの表現にはしておいたほうが良いと考えました。実際に、戦地に銃を持って戦いに行くだけがお国のために奉仕する行為ではないのですから。

いろいろな国で考えられているのは、良心的徴兵拒否・忌避の問題です。宗教上の理由で徴兵に行けない人はボランティアをやりなさいとする国は多々あります。その代わり、目の前で愛する者が凌辱されていても手を出してはならないと誓約するなどの条件があります。

「自分は人を殴りたくないけれども、殴られたくないは許されません」、と実はかなり厳しい条件でやっています。

第二十三条　この章に定める日本国民の権利は、国家緊急事態に際して、日本国民の擁護又は憲法保障のために、特別の法律によって制限することができる。

最後、第二十三条はこれも新設です。

これはいわゆる、緊急事態条項です。緊急事態において、どこまでのことができるのかということです。

国が滅びては、人権も国民の権利もありません。ただし、有事だから何をやっても良いのではなく、日ごろから法律で考えておかねばならないとの規定です。帝国憲法では有事に天皇大権によって臣民の権利を制約できるとしていました。明治大正は悪用されることなく、有事でも議会は健在。国民に不自由はかけたけれども、立憲主義の原則を守り、日清日露戦争と第一次大戦に勝ちました し、関東大震災のような戒厳令が出される事態でも国民の政府（具体的には軍）の信頼は揺らぎませんでした。

逆に昭和は、政府は本来ならば違憲になるようなことを自覚しながら「戦争に勝つ為だ」の一言で押し切り、少しでも疑問を持つ者には権力を濫用するだけでなく、同調圧力によるリンチで社会的に黙らせていきました。その過程で常に「天皇陛下」の名前を持ち出していました。あげく国が滅ぼされそうになり、最後に昭和天皇の御聖断が無ければ民族の滅亡でした。

そういうことをさせないのが、自由を守るということです。

第四章　議　会

——自由を守る代表のありかた

はじめに――どうやって自由を守るのか

これまでは「誰が守るのか」「何を守るのか」の理念的な話でしたが、ここからは「どうやって守るのか」の技術的な話になります。

俗に、国家権力を三つに割って、三権分立と言われます。その三権は、どのような関係なのか。選挙で選ばれた議会が法律を作り、その法律に基づいて行政と司法が行われる建前です。もっとも、帝国憲法は三権分立の建前をとらず、「権力分立」でした。

その帝国憲法でも、現行憲法でも、三権の最初にくるのは議会です。

憲法草案の「議会」の部分を作るとき、最初に選択肢があります。まず、選挙による大衆の政治参加を認めるべきか否かの点で、文明国の憲法ではこれは「はい」となるわけです。「民選議員」というものがいなければいけない。そして、それは性別、財産によって差別をしない普通選挙であるのが、文明国の通義なわけです。

次に、一回の投票で総てを決めて良いのか。それで良いのだと考える国はあるのですが、多くの国は「いいえ」です。だから、二院制になっています。

サミット参加国は、追い出されたロシアも含めてすべて二院制です。そこには、理由があります。それでも、いろいろな国で「第二院の意義とは何だろう」と悩んでいます。日本国憲法の参議院が、個々の議員が秀でているかそうでないかの問題とはまったく別に、参議院そのものが機能しているかといえば、そうは言い難い面が多々あるので、外国を含めてまず、それを検証し、さらに帝国憲法と比較しながら統治のあり方を考えていきます。

1　欧米の議会の歴史

議会の歴史を、欧米に絞って見ていきます。なぜなら、議会は基本的にイギリスで始まり、他の国が真似していくからです。

アメリカ

まず、なぜかよく日本の公民教科書で模範的な国と言われているアメリカですが、三権分立をやっている稀有な国です。

大統領は議会の作った法律に対し拒否権を持っています。しかし、議会が三分の二の多数で再可決すれば、法律として可決してしまいます。大統領の最高の権力は連邦最高裁判事（終身）の任命です。それに対して、連邦最高裁は大統領のやったことに対して、違憲判決を下せます。この権限は日常的に行使できます。だから大統領は、議会に対しても最高裁に対しても弱く、「世界最弱の権力者」と言われます。

では、議会と最高裁はどちらが強いか。大統領の指名する判事の承認権を議会は持っていますが、これは大統領に対する権限です。また弾劾裁判を行えますが、アメリカでも裁判官はお高くとまった職業、そんなことは滅多に起きません。逆に、議会の法律に対する違憲判決は、日常茶飯事。最高裁は、議会よりも強いのです。結果、三権分立を真面目にやって、選挙で選ばれていない連邦最高裁が最強になってしまう矛盾を抱えています。

なお、アメリカは二院制です。アメリカの上院は州代表の性質があります。そもそもアメリカ大統領、というよりも連邦政府に権力を持たせないようにできていて、それを今も引きずっています。アメリカは大統領制であり、制度が違いすぎるので、フランスほどではなくても、参考にならないと思います。

フランス

では、そのフランスを。

フランスはイギリスと必ず並べられるのですが、フランス自身がかなり反省して、イギリスに寄っていっています。そのきっかけはフランス革命です。

フランス革命期のアベ・シエイエスの「第二院は不要である。なぜならば、賛成すれば不要である。反対すれば有害だからだ」との指摘は、かなり当たっているところがあります。

ところが、そのフランス大革命で一回の投票で国王を処刑するかどうかを決めてしまいました。

まず、国王は有罪かどうかを決めて、人民が刑罰を決めるかどうかを決めて、といった流れで、一院制での四回の投票で賛成、賛成、賛成、賛成と、国王を処刑することを決めて、王制廃止という取り返しがつかない事態になりました。そうした過去の反省から、第二院は「再考の府」として意義があるとしています。

つまり、これは原理的な問題なのです。

一院制であれば決定は極めて速やかにできる。ただし、慌ててやって取り返しがつかないこともあり得る。二院制であればまどろっこしくて、無駄な面も見える。でも、取り返しがつかないことをやらないようにとの意味は持たせられる。

これは、どちらかを採るしかなく、主要国は二院制を採っている国が多いのが実態です。たとえばヨーロッパなどで、日本でいえば地方自治体くらいの小さな国で一院制の国はありますが、世界で一億人を超える大きな十四カ国の中で一院制の国は、中国も入れて四カ国です。他にインドネシア、バングラデシュ、エジプトです。

フランスは革命だけで七回、日本でいえば明治維新みたいな改革を含めると十三回やっています。さらに、半年に一回の割合で政権交代をやり、一年続いただけで長期政権と言われたのが、第三共和制でした。やっと安定したと言われた第三共和制さえも、挙句の果てにヒトラーに乗っ取られる混乱ぶりだったのです。いろいろな多難を経験したので、今の第五共和制は強力な大統領制でいこうとなったわけです。ただし、この「強力な大統領制」とは基本的には軍事と外交だけです。内政に関しては日本と同じで、議会の多数が首相を選びます。大統領は軍事と外交だけはやれて、議会の解散権を持ってはいるのですが、選挙に負ければ内政は反対派が首相をやっている状態になり、その状態は「保革共存／コアビタシオン」と言われます。コアビタシオンがしょっちゅう起きています。

フランスの下院は国民が直接選挙をするのに対して、上院は選挙する人を選ぶ、間接選挙です。あまりにも複雑すぎて、ほぼ参考にするところがない国です。

ちなみに、年に一回、議会の多数派と関係なく、大統領が一つだけ法律を作れるといった、謎過ぎるルールがあります。ことほどさように、フランスは世界で一番複雑な憲法で、真似しようと思っても無理です。イギリスのようにすっきりしていません。

イギリス

イギリスは貴族の代表の貴族院と、地主・資産家の代表の衆議院の二院制で伝統的にやってきました。国王は議会より上の存在でした。それを、イギリス革命を中心に二度にわたり国王は議会の中にいるのであって上にいるのではないとし、「議会の中の国王」の原則を確立しました。そして、国王と貴族と庶民の三者が一体となった議会が主権を持つのだという、「議会主権」の原則が確立していくわけです。

国王は、貴族院と衆議院が可決した法律に対する拒否権をもともとは持っていて、今でも持ってはいるのですが、それを行使しない慣例が確立して三百年以上と言われます。

ちなみに、日本国憲法では最初から天皇は拒否できないとなっていますが、かつて帝国議会でも、天皇は貴衆両院が可決した法律に対して拒否権を行使したことは一度もありません。日本国憲法では衆参両院が可決したその瞬間に法律が成ります。帝国憲法では天皇の裁可でもってはじめて成るという手続きがあっても、天皇が拒否権を行使しないので、事実上はあまり変わりません。

現在のイギリスでは、衆議院の貴族院に対する優位が確立しています。特に、予算を含めた金銭法案では絶対の優位が確立しています。かつての日本のように、特例公債法案を参議院が否決するので赤字国債を発行できず、総理大臣が退陣しなければならないなどといった事態には陥らないようになっています。菅直人、野田佳彦の両内閣は、それが理由で退陣しました。

衆議院が大事なことを全部決めてしまうのであれば、貴族院は何をやっているのだというと、一つには極めて高度な議論をしていて、そこに存在意義があるとされます。「世界一高度な議論を聞きたければイギリスの貴族院を見ろ」と言われるぐらいです。イギリスの衆議院も非常に高度な議論で有名ですが、貴族院はさらに上をいくと言われます。そこにプライドを持って、存在意義を発信しているのです。

貴族院はまた、日本の内閣法制局がするような、法律的な整合性の修正を行います。つまり、衆議院が政治的に何をやるかを決めたら、貴族院が問題のあるところを修正するのです。日本では役所が見えないところでやっていることを、イギリスでは議会でみんなの見えるところでやっているわけです。

二十一世紀になって、トニー・ブレア首相が憲法改革をやってからは別なのですが、それまでは、イギリスの最高裁は貴族院の最高委員会でした。大法官と呼ばれる最高裁長官が貴族院議長で、日本の内閣法制局と法務大臣を兼ねるような、「歩く三権分立の例外」と言われるような存在だったのですが、最近はそれをなくしました。つまり、最高裁自身が法案に関して、貴族院で認めているので、それが憲法違反かという問題が生じないのです。

では、問題があればどうするかというと、「議会の中の多数決で法律そのものを変えなさい」となります。「今、変えたい人たちが少数ならば、総選挙で勝ってからやりなさい」と。だから、違憲かどうかというのは、イギリスの場合は条文がまとまっていないので、「立憲か非立憲」が正確な表現なのです。立憲か非立憲かの解釈は、選挙で選ばれていない人が勝手に決めるのではなくて、総選挙によって示された民意で決める体制です。

イギリスの有名な憲法学者アイヴァー・ジェニングスが、国際法を守らせるのは現実における軍事力という力であり、憲法においてのそれは総選挙で示された民意であると説いています。これは悪用すると、多数を取れば何をやっても良いとの思想になるのですが。

日本の国会は法規、先例を全て頭に叩き込んでいる人が運営に長けていると言われます。イギリスにも、憲法学者であり、衆議院の書記官だったアースキン・メイが最初にまとめた議会先例集があって、彼の名から『アースキン・メイ』と呼ばれるこれ自体が憲法の一部です。ちなみに、現在二十五版にまでなっているそうです。

国会法や、現在、日本にある国会の法規先例集は、イギリスだと憲法そのものなのです。重要な憲法附属法であることは間違いないわけです。

昔の田中角栄や竹下登など――竹下さんに至っては憲法の条文を丸暗記して暗唱できたらしいですが、他に国会法と法規先例が全部頭に入っていたので、憲法という政治のルールを熟知していたわけです。

これが議会政治の原型です。日本の国会実務でも、これをかなりやっています。日本国会では、何事も先例にならい、先例にならわない時は何か理屈を考え、それが先例になっていきます。

ドイツ

憲法典の議論そのものではあまり参考にならないのですが、政党政治のあり方としては極めて参考になるのが、ドイツです。簡単に話します。

まず、日本の政党と違って、日本でいえば明治になる少し前のビスマルクの時代から存在していたドイツの政党政治は、日本の政党政治どころではない、いろいろな失敗をやらかしていて、年季が違うのです。ビスマルクにいいように操られた政党の時代がありました。

ドイツは世界大戦に二回、負けました。それくらい失敗しているので、政党がまともにならないと国が亡ぶのだとの意識が非常に強く、政党近代化がなされています。たとえば、シンクタンクをしっかり機能させる、事前審査をやらずに議会で本当に議論するなどです。

ドイツは小党分立の状態ですが、自民党の派閥が皆、政党を名乗っているようなものだと思ってください。たとえば、自民党に○○派、××派……と主に七つくらい派閥があって、有権者はこちらの派閥は嫌いでも、別の派閥が首相をやっていれば「自民党」と書くしかないのです。ドイツの場合は、日本で○○派の総理大臣は好きだけれど、××派は嫌いだからといった場合、その派閥の領袖を選挙で選べるといった感覚だと思ってください。それが保守とリベラルにそれぞれあるという感覚です。

ドイツはナチスと共産党を事実上、非合法化しています。最近、ナチスとも共産党とも違う、ホーエンツォレルン家の帝政復興をしようとしたクーデターと称する、あれをクーデターと呼んでいいのかといった動きがありましたが、未遂に終わりました。ちなみに、ホーエンツォレルン家とは、十八世紀にはフリードリヒ大王や第一次世界大戦に負けたドイツ最後の皇帝ヴィルヘルム二世らを出した王家です。

ドイツはとにかく、憲法秩序に対する挑戦者に対する警戒を前提として、政党政治、議会政治のあり方を非常に考えています。

下院の選挙も事実上、比例代表でかなり複雑なのですが、憲法とは関係ないので割愛します。

上院は基本的に地方の代表の性質があります。もともとドイツは三百の違う国が三十になり、さらにそれを無理やり一つにまとめてできた国なので、とにかくその人たちを、いかにドイツという一つの国の中に押さえ込むかが非常に大変なので、地方代表の性質を持つ制度になっているのです。

憲法そのものとは関係ないのですが、政党政治、議会政治のあり方としては、極めて参考になると記しておきます。

イタリア

イタリアは上下両院がほぼ対等で、さらにそこで小党が乱立していて、小選挙区制を導入していても、二大政党制どころか、小党乱立が解消されません。なぜなら、サッカーチームの一つ一つが別の国のような、都市国家群の集まりだからなのです。

そういう状況なので、上下両院とも選挙で選びますが、しかも同日選挙が慣例化しています。そういった選挙のやり方を行っていなければもっと大混乱するというぐらい、極めて混沌としているのがイタリアです。

ちなみに、日本で衆参同日選挙が行われたのは過去二回だけですが、両方とも自民党が大勝したので、護憲派は衆参同日選挙違憲論を言っています。違憲の根拠は、比較憲法学的にはまったくありませんが、自民党が勝つからイヤだというのが憲法学の大勢であるといった、いい加減な話なのです。

両院とも選挙で選ぶのであれば、同日選挙をしないとねじれの危険性があるので、イタリア、あるいはスペインのように同日選挙を行うのが普通なのですが、なぜか日本はしません。

私などはむしろ、衆参同日選挙を慣例化した方がいいと思っているぐらいです。それでもあくまで慣例なので、本当に衆議院の解散をやりたいときは、総理大臣がやれるように担保しておけば良いのです。

しかし、たとえば、竹下総理などは同日選挙を慣例化するのを非常に嫌がっていました。小泉総理は、直後に参議院選挙がひかえていたので総裁選挙に勝って総理大臣になったのですが、それでも同日選挙は行わず、衆議院の解散権は取っておきました。やはり、同日選挙の慣例化は、現職総理大臣にとってはどうしても解散権を封印されるのに等しいので嫌がる傾向があり、現実には難しい議論です。

アイルランド

いろいろな国がそれぞれに大変で、そして日本政治もいろいろと問題があります。しかし、アイルランドを見れば、マシかなと思えてきます。

アイルランドは極めて変わった国です。イギリスなどはアイルランドを世界で一番政治が下手な国などと見下していて、それには理由がなくはないのです。

イギリスは貴族がいるので第二院を選挙で選ばない国です。貴族がいなければ第二院は地方代表という国も多いのです。アメリカ、ドイツなどがそうです。しかしアイルランドはそのいずれでもなく、職能ごとに枠を設けて、職能代表のようになっているのです。

実は、日本国憲法を作るときに、松本烝治憲法担当大臣もそのやり方を考えたようですが、実際にやってみると非常にうまくいかない。というのは、職能代表の第二院のほうは比例代表が中心なのですが、同日選挙をやっていないので、衆議院（下院）選挙の直後に、第二院である上院の選挙をやって、下院で落ちた人を上院に押し込むことを与党ができるらしいのです。同日選挙を慣例化していないがゆえに、そういうことができてしまう。運用で常に改革が叫ばれている所以です。

アイルランドやイタリアなどの議会や選挙については、国会図書館の調査室がかなり詳細なレポートを出しているので、非常に参考になります。

そもそも議会政治を根付かせるのが大変な上に、議院が二つあると運用が大変なのですが、それでも、そういった矛盾を抱えながらもよりマシな政治を求めてやってきたわけです。

2　我が国の議会史——幕末から議会政治に関心があった

我が国でも実は早くから、文明国は選挙で選ばれた議会がなければならないのだと言われています。俗に、明治政府は議会を導入して選挙をやるのを嫌がったが、自由民権運動の人たちに言われてイヤイヤ選挙を行ったなどと言われることがありますが、あれは大ウソです。自由民権運動の皆さんがいようがいまいが、議会は開かれました。それどころか明治維新がなくても、江戸幕府自体やりたがっていたぐらいなのです。最後の将軍・徳川慶喜はフランス型の内閣制度を導入するなど多くの改革を断行しましたし（慶応の改革）、慶喜側近の知識人は憲法や議会に対して多大な関心を抱いていました。その徳川幕府を倒した薩長の藩閥政府も、イギリス型の議会制度に大きな関心がありました。

それぐらい議会政治は、幕末以降の日本の知識人にとって当たり前の前提です。明治十年代、議会もないのに議会先例集である『アースキン・メイ』を読んでいます。それくらい大真面目なので、大隈重信《おおくましげのぶ》のように「再来年から二大政党制をやろう」などと言う人が出てくるわけです。そういう知の蓄積があるのです。

明治十四（一八八二）年の国会開設の詔で、国会開設を明治天皇が約束したので、その十年後に開いたというのはその通りなのですが、なぜ十年後なのか、なぜ来年やれないか。

言ってみれば当たり前の話で、日本人は誰も議会というものを見たことがないからです。そもそも、憲法というものも見たことがないわけです。

だから、朝鮮半島で清と睨み合っているときに、伊藤博文が憲法の条文だけではなくて、憲法に基づく政治の調査を行いにヨーロッパを視察し、十年かけて研究しました。外交問題は盟友の井上馨《かおる》でも対処できるけれども、憲法問題は政府首班の自分でなければならないと、戦《いくさ》をするのと同じ気持ちで立憲政治を調査しているわけです。それは憲法の条文を猿真似して、二年で停止してしまったオスマン・トルコ帝国と同じ轍《てつ》を踏まないためです。

その中で特に議会というものは誰も見たことがないので、帝国憲法の中でも極めて詳細に規定があります。

結果として、明治二十三（一八九〇）年七月一日、選挙というものを誰も見たことがないまま恐る恐る第一回総選挙を行って、穏やかに終わりました。ちなみに、このときは地主が多数当選したものの、皆、選挙に出るのを嫌がっています。

そして、同年十一月二十九日、帝国議会開会の日に憲法を施行します。

第一回議会は大混乱、反政府の議員が多数なので、政府は野党（民党と呼ばれた）の一部を買収して、ようやく予算を通しました。

実はここで、議会というものに権力があると、皆が気づきます。明治二十五（一八九二）年二月十五日の第二回総選挙は、途上国のように投票箱を持って殺し合い、官憲がサーベルを持って襲い掛かり、民党が日本刀で応戦して殺し合い、といったことをやったのです。しかし日本が立派なのは、そんな選挙はこの一回限りでした。二回連続はそういう振る舞いをしないのです。さすがに政府も野党もそれなりの良識がある。一回はやってしまったのですが、失敗しながらやるしかありません。

ここでも教科書では「選挙で選ばれた衆議院は最弱で、予算先議権しかなかった」と言われるのですが、先議権とは決定権のことであり、決定権を握った衆議院は予算を否決して、元老の内閣を次々と潰していく歴史になるわけです。そんな衆議院のどこが〝最弱〟なのか。

もっとも、衆議院もそれはそれで問題があって、拒否権は持っていても、政権担当能力がないのです。

そして、もう一方の貴族院のほうも、枢密院に権限を相当奪われていました。

枢密院とは何かというと、明治天皇が帝国憲法をお作りになるときに、相談の建前で、実質的に憲法審議をした機関です。しかし、帝国憲法ができてからも残り、貴族院の権限を奪っていく状況になっていきました。

明治二十三（一八九〇）年に第一回総選挙が行われ、帝国議会が開かれ、帝国憲法を施行し、そして、大正十三（一九二四）年に「憲政の常道」が確立されたので、三十四年でイギリス型の二大政党政治ができたものの、急ぎ過ぎて作ってしまったので、たった八年で終わってしまいました。その後、全政党解散のまま敗戦といった地獄のような状況になってしまったわけです。

そして、これまで何度か言及しているように、占領軍に日本国憲法を押し付けられました。押し付け憲法ではあるのだけれども、日本側から押し返した部分もあります。それが、二院制と、参議院の緊急集会の規定です。

ちなみに、日本国憲法の制定過程について記した本で、一番短いものは佐藤達夫の『日本国憲法誕生記』（大蔵省印刷局、一九五七年。文庫本は中央公論新社、一九九九年）です。これは憲法制定史の常識的な通説をほとんど書いていますので非常に参考になります。なお、一九五七年版は、国会図書館のデジタルコレクションに収められていて、個人送信可能になっているので、国会図書館に利用者登録していれば、ＰＣ上で読めます。

3　新旧憲法比較

立法権

日本国憲法の条文は立法権の強化に主眼が置かれているのは、押し付けられる前から松本烝治博士がやろうとしていたことでもあったので、日米双方の合意です。

占領期には革新勢力が伸びていき、一九五五年以降は自民党一党優位が確立します。そこでシェイエスの言葉です。「第二院が第一院に賛成すれば不要、反対すれば有害」です。まさに昭和の参議院は「衆議院のカーボンコピー」と言われました。平成時代になると「反対すれば有害」で、ねじれ国会が問題になります。ところが、第二次安倍政権以降は参議院選挙も含めて選挙はすべて自民党が勝つので再びカーボンコピー化していき、参議院の比重が再び落ちていきました。

ただ、そこだけを見ていて、参議院の意味がないというのではなく、安倍首相は衆議院で勝つだけではなくて参議院も勝っていたから長期政権になったので、やはり参議院は重要なのです。安倍内閣が参議院選挙で一回でも負けていたら、間違いなく不安定化したでしょう。

さて、帝国憲法と日本国憲法をざっくりと比較しつつ、一つ一つの条文を見ていきます。

帝国憲法
第五条　天皇ハ帝国議会ノ協賛ヲ以テ立法権ヲ行フ
第三十七条　凡テ法律ハ帝国議会ノ協賛ヲ経ルヲ要ス
第三十八条　両議院ハ政府ノ提出スル法律案ヲ議決シ及各々法律案ヲ提出スルコトヲ得

立法権の所在がどこかというと、帝国憲法第五条では、一応形式上、天皇にあることになっているのですが、帝国憲法第三十七条、第三十八条を見ると、実際に法律を作るのは議会なのです。天皇は議会が作った法律に一度も拒否権を行使していません。

日本国憲法
第四章　国会
第四十一条　国会は、国権の最高機関であつて、国の唯一の立法機関である。

〝国権の最高機関〟というのはスターリン憲法の丸パクリです。では、立法権は行政権や司法権より上なのか、となるわけです。三権分立は、三権が対等であるのが前提なのに、国権の「最高機関」となればそれが崩れますので、今の東大憲法学では「法律的には無意味な、政治的美称説」とされています。美称説とは「かっこいいから、いいでしょ」と言っているのと同じで、それが法学者の言うことかと言いたくなる話なのですが、本当に芦部の『憲法』にはそう書いてあるので、ウソだと思ったら読んでください（芦部信喜『憲法』第七版、岩波書店、二〇一九年、三〇五頁）。

第四十三条　両議院は、全国民を代表する選挙された議員でこれを組織する。
② 両議院の議員の定数は、法律でこれを定める。

芦部の『憲法』は第四十一条から解説を始めればいいものを、なぜか第四十三条から始めるのでわけがわからなくなるのです。延々と全国民の代表についての解説があって、長々と空しい説明だけが続きます。要するに、芦部先生は自民党が嫌いなので、選挙区の代表であってはいけません、業界団体の代表であってはいけません、それが政治のあり方ですからねと言っているだけなのです。憲法の話になっていません。

二院制

帝国憲法の場合は、貴族院の役割は明確です。皇室を守り、社会を不安定化させないための存在です。

マッカーサーは何がなんでも貴族制度を廃止したかったので〝貴族院を認めない〟となったとき、

ケーディス次長が「日本は連邦制でもないし、貴族は廃止するのだから、一院制で良いではないか」と言い出し、松本烝治博士が「貴様はチェック・アンド・バランスという言葉も知らないのか。お前の憲法理解はその程度か」と、ほとんど売り言葉に買い言葉で二院制になったのです。このあたりの詳細は小著『参議院』（光文社新書、二〇二三年）に書きました。

とにもかくにも、二院制を残すのは構わないとGHQ側も妥協したのです。最初からそこは妥協する気満々だったところでした。その代わり、第二院も全員を選挙で選べ、貴族は認めない、政府が任命するのも許さないとなり、衆議院は四年、参議院は六年で半数改選としたのです。それを憲法典に書き込んだので、今の憲法論議で「大震災のようなときでも、絶対に選挙を行わなければいけないのか」と議論している羽目になっているのです。東日本大震災の時は、地方議員の任期は法律でしか決まっていないので、法改正で現地の選挙を延期しました。

ちなみに帝国憲法では、議員の任期が書いていないのをいいことに、大政翼賛会の翼賛選挙は任期を一年延長して、衆議院の任期を五年満了としています。保守の改憲派の人たちが、憲法改正で一番に国会議員の任期を緊急時に延長しようというのはいいのですが、東條英機がやったことを最初の改憲案にして、護憲派から標的にされる心配をしなくていいのかと、不思議でしょうがないのです。「東日本大震災でやったのだからいいだろう」と安心したように言われるのですが、大東亜戦争のとき東條英機がやったことでもあります。

日本国憲法
第四十九条　両議院の議員は、法律の定めるところにより、国庫から相当額の歳費を受ける。

第四十九条に歳費の規定まであります。これは帝国憲法にはない条文です。イギリスでは野党党首も「陛下の野党だから」と王室からポケットマネーで給料というか歳費をもらうことになっています。まともな「陛下の野党」を育てるのは大事です。

議員歳費をめぐって、我が国には非常に恥ずかしい歴史があります。山縣有朋が第二次内閣を組織していた当時、板垣退助系の第一党であった憲政党に対して、議員歳費を二・五倍以上、大体四捨五入して三倍にしましたので、衆議院議員の皆さんが急に生活が豊かになりました。議員たちが、悪名高い軍部大臣現役武官制、今に至るキャリア官僚制、増税など、政府のやりたい諸々のことを認めたのは、偏《ひとえ》に後ろめたくて反対できなかったという、情けなく、恥ずべき理由からでした。

常会、臨時会、緊急時、解散

帝国憲法
第四十一条　帝国議会ハ毎年之ヲ召集ス

日本国憲法

第五十二条　国会の常会は、毎年一回これを召集する。

帝国憲法の第四十一条と現行の第五十二条で、議会は毎年召集するとなっています。イギリスでは国会の毎年召集は悲願でした。歴史の教科書で「長期議会」「短期議会」とありますが、要は、「国王は毎年議会を開け」との意味です。

ちなみに、イギリスでは長らく「三年に一回、開け」との法律になっていたのです。しかし、毎年開かないと予算が一年だから国の運営に支障をきたすので、法律を変えなくても毎年開く慣例ができていたのでそれで構わないと、ずっと法律は変えずに慣例でやっていったわけです。

帝国憲法
第四十三条　臨時緊急ノ必要アル場合ニ於テ常会ノ外臨時会ヲ召集スヘシ
臨時会ノ会期ヲ定ムルハ勅命ニ依ル

日本国憲法
第五十三条　内閣は、国会の臨時会の召集を決定することができる。いづれかの議院の総議員の四分の一以上の要求があれば、内閣は、その召集を決定しなければならない。

常会を毎年開くほかに、臨時国会、臨時会が、旧憲法にも現行憲法にもあります。これは、旧憲法からして不備といえば不備で、ただし、旧憲法が不備と言うと語弊があるのですが、帝国憲法では議会を開くのは天皇の大権で、国会の少数派が要求することはできないとなっていたので矛盾はないのです。それでいいのかという話は別にして。

現行憲法は、野党であっても四分の一の要求があれば、臨時会ができます。しかも参議院でも構わないのです。必ずしも衆議院である必要はありません。しかし内閣が決定しなければならないとはいえ、決定するだけで、期限が書いていないので、開かないのがまかり通っているのが実態です。私がよく「七五三《しちごさん》改憲」と欠陥条文の第七条と、第五十三条を改正しようと言っている、「五三」の部分がこれです。自民党改憲案でもこれを「二十日以内」に変えようとなっています。その一方で、立憲民主党と日本維新の会が国会法でも対応が可能ではないかと言っているのは、事実その通りなのです。

ちなみに、どこまで憲法典に書くか、それは国会法でいいかというと、首班指名のためだけに集まる特別国会の規定は憲法典にはなく、臨時国会の一種であると国会法の第一条で決めているのです。

これを言っては元も子もないのですが、憲法典に国会の規定さえあれば、あとはすべて国会法でも構わないのです。

帝国憲法

第八条　天皇ハ公共ノ安全ヲ保持シ又ハ其ノ災厄ヲ避クル為緊急ノ必要ニ由リ帝国議会閉会ノ場合ニ於テ法律ニ代ルヘキ勅令ヲ発ス
此ノ勅令ハ次ノ会期ニ於テ帝国議会ニ提出スヘシ若議会ニ於テ承諾セサルトキハ政府ハ将来ニ向テ其ノ効力ヲ失フコトヲ公布スヘシ

第四十四条　帝国議会ノ開会閉会会期ノ延長及停会ハ両院同時ニ之ヲ行フヘシ
衆議院解散ヲ命セラレタルトキハ貴族院ハ同時ニ停会セラルヘシ

第四十五条　衆議院解散ヲ命セラレタルトキハ勅令ヲ以テ新ニ議員ヲ選挙セシメ解散ノ日ヨリ五箇月以内ニ之ヲ召集スヘシ

日本国憲法

第五十四条　衆議院が解散されたときは、解散の日から四十日以内に、衆議院議員の総選挙を行ひ、その選挙の日から三十日以内に、国会を召集しなければならない。
② 衆議院が解散されたときは、参議院は、同時に閉会となる。但し、内閣は、国に緊急の必要があるときは、参議院の緊急集会を求めることができる。
③ 前項但書の緊急集会において採られた措置は、臨時のものであつて、次の国会開会の後十日以内に、衆議院の同意がない場合には、その効力を失ふ。

開会・閉会・会期の延長・停会は帝国憲法で決まっていて、緊急時に関しては枢密院が開いて対応する規定になっていました。

日本国憲法では第五十四条第二項、第三項は参議院の緊急集会で、これは帝国憲法の改正規定です。これを日本側がＧＨＱにほぼ座り込みみたいなことをやってねじ込んだと佐藤達夫さんは書いています。

なぜ参議院があるかというと、緊急集会の規定があるからです。しかも日本国憲法の中で唯一の緊急事態条項なのです。

衆参同日選挙があったとしても参議院の半分が残るようになっているので、国会議員がいなくなる事態がないようにできているのです。

実際に日本国憲法が制定されて早速、吉田内閣で予算が成立しないのに解散総選挙になった「バカヤロー解散」と呼ばれる解散があり、法案審議の真っ最中に国会が閉じてしまったので、参議院の緊急集会で対応したことがありました。

今の憲法は不備ではないかと野党に追及されて、日ごろは腰が低い佐藤達夫法制局長官が血相を変えて、怒り狂って答弁している場面もあります。

帝国憲法

第四十五条　衆議院解散ヲ命セラレタルトキハ勅令ヲ以テ新ニ議員ヲ選挙セシメ解散ノ日ヨリ五箇月以内ニ之ヲ召集スヘシ

日本国憲法
第五十四条　衆議院が解散されたときは、解散の日から四十日以内に、衆議院議員の総選挙を行ひ、その選挙の日から三十日以内に、国会を召集しなければならない。
② 衆議院が解散されたときは、参議院は、同時に閉会となる。但し、内閣は、国に緊急の必要があるときは、参議院の緊急集会を求めることができる。
③ 前項但書の緊急集会において採られた措置は、臨時のものであつて、次の国会開会の後十日以内に、衆議院の同意がない場合には、その効力を失ふ。

衆議院の解散は新旧憲法の両方に明記されています。

帝国憲法
第四十六条　両議院ハ各々其ノ総議員三分ノ一以上出席スルニ非サレハ議事ヲ開キ議決ヲ為スコトヲ得ス
第四十七条　両議院ノ議事ハ過半数ヲ以テ決ス可否同数ナルトキハ議長ノ決スル所ニ依ル

議事の規定に関しては、これも国会法の今のもので良いのではないかという気がしなくもない事項です。

帝国憲法では第四十六条、第四十七条です。国会の決定は過半数を取ったほうがよくて、多数決で、可否同数のときは議長が決めるとなっています。

これは、あまり笑えない話なのですが、かつては「議長は二票持っている」といった大いなる誤解がありました。今は政治に関わる人は誰もが、議長は最初の投票には参加しないと知っています。議長が投票に参加せず、多数決で決着が付けばそれでよし、賛成と反対が同数の場合に最後の議長の一票で決まるわけです。しかし、最初はそういう仕組みがわかっていなかったので、憲法学者の一木喜徳郎《いちききとくろう》でも平気で「議長は二票持っている」などと説いていたのです。第四十六条と第四十七条は、そういった事態を考えておいたほうがいいかなというような条文なので、今、これは必要でしょうか。

日本国憲法

第五十六条　両議院は、各々その総議員の三分の一以上の出席がなければ、議事を開き議決することができない。

②　両議院の議事は、この憲法に特別の定のある場合を除いては、出席議員の過半数でこ

れを決し、可否同数のときは、議長の決するところによる。

第五十八条　両議院は、各々その議長その他の役員を選任する。

② 両議院は、各々その会議その他の手続及び内部の規律に関する規則を定め、又、院内の秩序をみだした議員を懲罰することができる。但し、議員を除名するには、出席議員の三分の二以上の多数による議決を必要とする。

第五十九条　法律案は、この憲法に特別の定のある場合を除いては、両議院で可決したとき法律となる。

② 衆議院で可決し、参議院でこれと異なつた議決をした法律案は、衆議院で出席議員の三分の二以上の多数で再び可決したときは、法律となる。

③ 前項の規定は、法律の定めるところにより、衆議院が、両議院の協議会を開くことを求めることを妨げない。

④ 参議院が、衆議院の可決した法律案を受け取つた後、国会休会中の期間を除いて六十日以内に、議決しないときは、衆議院は、参議院がその法律案を否決したものとみなすことができる。

日本国憲法の場合は、第五十六、第五十八、第五十九条に、三分の一の出席がなければ議事を開けない、議長の選任、三分の二の多数決であるなど、どこまで憲法典に書くべき話なのかは考えものです。

秘密会、免責特権

帝国憲法

第四十八条　両議院ノ会議ハ公開ス但シ政府ノ要求又ハ其ノ院ノ決議ニ依リ秘密会ト為スコトヲ得

日本国憲法

第五十七条　両議院の会議は、公開とする。但し、出席議員の三分の二以上の多数で議決したときは、秘密会を開くことができる。

② 両議院は、各々その会議の記録を保存し、秘密会の記録の中で特に秘密を要すると認められるもの以外は、これを公表し、且つ一般に頒布しなければならない。

③ 出席議員の五分の一以上の要求があれば、各議員の表決は、これを会議録に記載しなければならない。

秘密会の規定です。条文でいうと帝国憲法では第四十八条、日本国憲法では第五十七条です。革命政党が議席を持つ場合、秘密会を開いてそれを漏らされていいのか、外国に秘密会の議事が伝わっていいのか、といった問題もあります。

憲法観の合意を、日本国憲法ではまったく考えていません。そもそも帝国議会でも、帝国議会の秘密会の議事録は普通に活字で出版されていて、そんなに大きな議論が起きていたかどうかは、かなり疑問です。

帝国憲法
第三十九条　両議院ノ一ニ於テ否決シタル法律案ハ同会期中ニ於テ再ヒ提出スルコトヲ得ス
第四十条　両議院ハ法律又ハ其ノ他ノ事件ニ付キ各々其ノ意見ヲ政府ニ建議スルコトヲ得但シ其ノ採納ヲ得サルモノハ同会期中ニ於テ再ヒ建議スルコトヲ得ス
第四十九条　両議院ハ各々天皇ニ上奏スルコトヲ得
第五十条　両議院ハ臣民ヨリ呈出スル請願書ヲ受クルコトヲ得

帝国憲法にも要らない条文があり、第三十九条、第四十条、第四十九条、第五十条が該当すると思われます。「一事不再理《いちじふさいり》」などは、これは皆、議会運営をやっている人は知っている話です。立法権が議会にないので、建議や上奏などがあったのです。

なお、これは日本国憲法では、前章で説明した第十六条になります。

帝国憲法
第五十一条　両議院ハ此ノ憲法及議院法ニ掲クルモノ、外内部ノ整理ニ必要ナル諸規則ヲ定ムルコトヲ得

日本国憲法
第五十八条　両議院は、各々その議長その他の役員を選任する。
②　両議院は、各々その会議その他の手続及び内部の規律に関する規則を定め、又、院内の秩序をみだした議員を懲罰することができる。但し、議員を除名するには、出席議員の三分の二以上の多数による議決を必要とする。

議員規則制定権は帝国憲法第五十一条に、現行憲法では第五十八条にあります。現行憲法のほうが繁文です。これも国会法で十分かと思われます。

帝国憲法
第五十二条　両議院ノ議員ハ議院ニ於テ発言シタル意見及表決ニ付院外ニ於テ責ヲ負フコトナシ但シ議員自ラ其ノ言論ヲ演説刊行筆記又ハ其ノ他ノ方法ヲ以テ公布シタルトキハ一

般ノ法律ニ依リ処分セラルヘシ

日本国憲法
第五十一条　両議院の議員は、議院で行つた演説、討論又は表決について、院外で責任を問はれない。

免責特権は帝国憲法では第五十二条に、現行憲法では第五十一条に明記されていて、議員は国会の中で何を言っても法律的な責任は問われないと書いてあります。

帝国憲法
第五十三条　両議院ノ議員ハ現行犯罪又ハ内乱外患ニ関ル罪ヲ除ク外会期中其ノ院ノ許諾ナクシテ逮捕セラル、コトナシ

日本国憲法
第五十条　両議院の議員は、法律の定める場合を除いては、国会の会期中逮捕されず、会期前に逮捕された議員は、その議院の要求があれば、会期中これを釈放しなければならない。

帝国憲法の第五十三条と日本国憲法の第五十条を、比較してください。

これは元をたどれば、イギリスの王様が国会議員を逮捕して多数派をひっくり返した歴史の事実に由来する規定なのです。

さて、これを憲法典に書くべきかどうかは別にして、帝国憲法には内乱外患の罪は国会会期中であっても許さないと、つまり売国奴、スパイは許さないと書いてあった内乱外患の規定が、日本国憲法では無いのです。どうせ条文に書くのであれば、これはあったほうがいいでしょう。

日本国憲法
第五十五条　両議院は、各々その議員の資格に関する争訟を裁判する。但し、議員の議席を失はせるには、出席議員の三分の二以上の多数による議決を必要とする。

現行憲法の第五十五条には議員の資格争訟の規定が書いてあります。

帝国憲法には、最後、斎藤隆夫《さいとうたかお》さんを除名した、これもまた死ぬほど恥ずかしい歴史があります。昭和十五（一九四〇）年二月二日、斎藤代議士は、今日では「反軍演説」と呼ばれる大演説を行いました。反軍と言ってもその中身は、「支那事変は三年になるが、解決のめどは立っていない。外地で若者が多く死に、内地でも増税と統制経済で国民は苦しんでいる。この戦いは何のためにやっているのか。聖戦だの、東亜新秩序だの雲をつかむようなことを言っているが、国際政治はそんな甘くない。日清日露の伊藤博文や桂太郎は一代の内閣、二年で勝ち切ったが、今の政府は内閣が何回変わればいいのだ、もう四代目ではないか」と批判しただけです。今の目から見れば当たり前ですが、パニック状態の議会が自ら斎藤を除名しました。世論が「戦争に協力しない奴は非国民」の風潮なので、選挙と世論に敏感な国会議員が同僚を排斥したのです。

こういう恥ずかしい歴史を持つので、慎重でなければなりません。

「枢密院官制」を見る

今の参議院は、帝国憲法の枢密院の機能を吸収しているところがあるので、ここで枢密院の規定を書いた「枢密院官制《すうみついんかんせい》」を見ていただきたいのです。

枢密院官制第六条

枢密院ハ左ノ事項ニ付諮詢ヲ待テ会議ヲ開キ意見ヲ上奏ス

一　皇室典範及皇室令ニ於テ枢密院ノ権限ニ属セシメタル事項並ニ特ニ諮詢セラレタル皇室令

二　帝国憲法ノ条項ニ関スル草案及疑義

三　帝国憲法ニ附属スル法律及勅令

四　枢密院ノ官制及事務規程ノ改正

五　帝国憲法第八条及第七十条ノ勅令

六　国際条約ノ締結
七　帝国憲法第十四条ノ戒厳ノ宣告
八　教育ニ関スル重要ノ勅令
九　行政各部ノ官制其ノ他ノ官規ニ関スル勅令
十　栄典及恩赦ノ基礎ニ関スル勅令
十一　前各号ニ掲ゲタルモノノ外特ニ諮詢セラレタル事項

枢密院は何を議論するところかというと、皇室、憲法、枢密院自身の規定、緊急事態、条約、戒厳、教育、役人の身分、栄典、その他。要するに重要なことです。ですから、実質「三院制」ではないかとの批判もあったのです。

これを内閣法制局の目から見るとどうなるか。今は、役所が持ち込んだ法案を法制局が審査し、それが法制局で通ると政府の提出する法案となり、衆議院と参議院で可決すると法律になります。法律として成立するためには、最後に国会の駆け引きは大事なのですが、最も重要な審議は政府の中で、内閣法制局が「可」のハンコを押すことなのです。

では、戦前はどうだったかというと、いろいろな役所が法案を作りたいとなって、法技術的な意見を法制局は言うのですが、法制局自身は自分が「これは政府の法案とします」と言ったことについて、衆議院、貴族院、枢密院で説明しなければいけない場面が多々あり、『内閣法制局百年史』（内閣法制局、一九八五年）に「戦前の法制局にとっての鬼門は、帝国議会ではなく、むしろ枢密院だったといわれる」（同書、四十九頁）と書かれているように、議会に説明に行くときは怖くなかったけど、枢密院に行くときは緊張したようすがわかります。なぜかといえば、国会議員は貴族院も含めて勉強していないけれど、枢密院の顧問官（議員を顧問官と称します）は各省事務次官経験者のような人ばかりで、官僚の仕事がわかっているので、先輩のＯＢをごまかすのはなかなか大変だったからです。

つまり、戦前は枢密院がチェック機能を果たしていたわけです。

4　自由主義憲法草案　条文解説

以上をふまえ、条文を作成しました。

議会の条文を、簡文憲法の精神でかなり削りましたが、どんな憲法の条文であっても、国会法の見直し自体が、憲法改正の中で最も重要なのだという意識で考えていただきたいと思います。

第四章　国会

第二十四条　立法権は、国会に属する。国会は、衆議院及び参議院の両議院で構成される。

2　両議院は、この憲法及び法律に定めるもののほか、議院内部の整理に必要な規則を

定めることができる。

第二十四条は立法権の所在です。そして、議会は衆議院と参議院の両議院で構成されます。第二項は、議員自律権の規定です。

第二十五条　衆議院は、法律の定めるところにより選挙された議員をもって構成される。
2　参議院は、法律の定めるところにより、選挙され、又は認証された議員をもって構成される。
3　何人も、同時に両議院の議員であることはできない。

第二十五条は衆議院の構成。参議院の構成。そして、兼職禁止です。

つまり、今の憲法のように全員を選挙で選ぶのか、あるいは、一部に選挙で選ばない人を残しておいたほうがいいのか、選挙で選ばない人を残すとすれば、結局、どうなるのかといった話で、この議会の章で非常に重要な点です。両院とも議員全員を選挙で選んでも仕方がないので、参議院を多様な構成としました。

両方とも選挙で選んでいいのか、それに意味があるのかと、どこの国も悩んでいるわけなのです。一部だけでも選挙で選ばない人を残したほうが良いのではないか。たとえば、イタリアなどでは、元首相は終身上院議員にするとなっています。とにかく衆議院は引退して、現役から離れて終身身分を保証する、昔の日本で言えば重臣みたいな地位に残すなどのやり方はあります。

議員の任期を憲法典で一応定めておいて、緊急事態だけ例外にできるというのが、今の改正案の主流なのですが、ならば最初から任期は法律で決めて問題ありません。ちなみに、地方議員の任期は東日本大震災のときも延長はできたわけですので、国会議員の任期も憲法典で決める必要はないのです。

第二十六条　国会は、毎年、これを召集する。

2　国会のうち、常会の会期は三か月以上とし、必要がある場合には、これを延長することができる。

第二十六条です。「国会は毎年召集する」は歴史的な意味があるので残したほうが良いかなと思います。また、常会の規定はしたほうが良いとは思います。

第二十七条　内閣は、臨時緊急の必要があるときは、常会のほか、臨時会を召集することができる。臨時会の会期は、法律で定める。

2　いずれかの議院の総議員の四分の一以上の要求があった場合は、二十日以内に、臨

時会が召集されなければならない。

第二十七条は臨時会の規定です。少数派でも一定数が求めた場合、期限を決めて開くようにする条文を入れるべきでしょう。実質的には、現行憲法第五十三条の改正です。

第二十八条　国会の開会、閉会、休会及び会期の延長は、両議院同時に行われるものとする。

2　衆議院が解散されたときは、参議院は同時に閉会となる。

3　衆議院が解散されたときは、解散の日から四十日以内に、衆議院議員の総選挙を行い、その選挙の日から三十日以内に国会を召集しなければならない。

第二十八条は議会の会期についてで、現行憲法では緊急集会の規定を入れています。ただ、後で説明する、参議院の常置委員会という、枢密院の機能を残したところ、そちらで対応するのが良いかと思います。結局、今の緊急集会の規定自体が枢密院の規定を参議院に入れようとしたものなので、この部分で直接書かなくて良いでしょう。

第三項は、解散の日から総選挙をやって、その後、議会を必ず召集しなさいということです。

第二十九条　両議院は、それぞれその総議員の三分の一以上の出席がなければ、議事を開き議決

することができない。

2　両議院の議事は、この憲法に特別の定めがある場合を除き、出席議員の過半数でこれを決し、可否同数のときは、議長の決するところによる。

3　衆議院で可決し、参議院で否決され、又は修正された法律案は、衆議院で出席議員の三分の二以上で再可決したときは、この憲法に特別の定のある場合を除いては、衆議院で可決したとおりの法律となる。

4　参議院が、衆議院の可決した法律案を受け取った後、国会休会中の期間を除いて六十日以内に、議決しないときは、衆議院は、参議院がその法律案を否決したものとみなすことができる。

5　条約について、参議院で衆議院と異なった議決をした場合、又は参議院が、衆議院の可決した条約を受け取った後、国会の休会中の期間を除いて三十日以内に議決しないときは、衆議院の議決を国会の議決とする。

第二十九条は国会の意思決定の方法です。第二十九条は第一項から第五項まであり、第一項は定足数です。第二項は原則過半数で決める、第三項は三分の二の再可決で、衆議院の優越です。第四項は参議院の握り潰しを許さないということ。第五項は条約に関する規定です。

第三十条　予算案は、先に衆議院に提出されなければならない。

２　参議院が衆議院の可決した予算案を否決し、若しくは修正した場合又は参議院が衆議院の可決した予算案を受け取った後、国会休会中の期間を除いて三十日以内に議決しないときは、衆議院の議決を国会の議決とする。

第三十条、帝国憲法では第六章「会計」のところに予算があるのですが、現行憲法では議会重視の観点から国会の章に移しております。

帝国議会において、衆議院の予算先議権に関してかなり解釈で揉めたところがあったので、最初から衆議院の議決、先議権は決定権であると明記してある章です。

第三十一条　両議院の会議は、公開とする。ただし、議院の議決によって、秘密会とすることができる。

２　両議院は、各々その会議の記録を保存し、秘密会の記録の中で特に秘密を要すると認められるもの以外は、これを公表し、かつ一般に頒布しなければならない。

第三十一条は、秘密会の規定です。

第三十二条　衆議院議員及び参議院議員は、国会の中で発言した意見及び投票行動について、院外において責任を問われない。ただし、議員自らがその発言を演説、出版、筆記その他の方法で国会外に知らせた場合には、この限りでない。

第三十二条は、国会議員が議会の中でどんな愚かなことを言ったところで、有権者は文句があれば、選挙で落とせばよいのです。

問題があれば国会の中の懲罰委員会で決めればよいのであって、自分たちだけで決めるべきです。法律を持ち出して裁判所に持ち込む話ではないということです。

ただし、乱闘の場合はどうなるか。憲法の教科書で必ず出てくるのが、昭和三十七年の第一次国会乱闘事件です。一次とあるので、二次があり、憲法は国会議員が暴力で乱闘する事態までは許していないという、当たり前すぎる判例で、そのときは議会の中で決めず、裁判所が介入しますという話です。

第三十三条　衆議院議員及び参議院議員は、現行犯又は内乱外患に関する罪を除き、国会の会期中、その議員の所属する議院が許可しない限り逮捕されない。
2　国会の会期前に逮捕された議員は、その議員の所属する議院が要求したときは、会期中、これを釈放しなければならない。

3　両議院は、各々その議員の資格に関する争訟を裁判する。但し、議員の議席を失わせるには、出席議員の三分の二以上の多数による議決を必要とする。

第三十三条は、先ほど触れた議員の身分の問題です。どうせ残すのであれば、「内乱外患」の言葉を残したほうが良いと考えました。そして、現行犯に限る必要はないとも思います。「内乱外患」を例示にするというやり方はなくはないので書き方はいろいろあると思います。

この第三十三条は現行の第五十条と、議員資格争訟の第五十五条を参考に入れました。

第三十四条　参議院は、法律の定めるところにより、常置委員会を設ける。参議院常置委員会は、次に掲げる事項を所管する。

一　憲法の条項の解釈をすること。
二　憲法の審判を行うこと。
三　憲法に附属する法令に関する事項を審議すること。
四　緊急政令に関する事項を審議すること。
五　罷免の訴追を受けた裁判官の弾劾裁判を行うこと。
六　検察官の公訴を提起しない処分の当否を審査すること。
七　前各号に掲げるもののほか、必要とされる案件を審議すること。

参議院議員に選挙で選ばない人がいるとなると、第三十四条の常置委員会は、枢密院の機能そのものです。

選挙で選ばれた人がこれをやってもいいのですが、その場合は国会法で、その参議院の常置委員になる人の選び方をまた考えなければなりません。一応、原則だけ決めるのが憲法で、その中でより具体的な方法は下位法で決めることになります。

もし、本当にこれをやるとするならば、参議院常置委員法というのを、今の国会法とは別に作らねばなりません。かつての枢密院官制と同じです。

なぜこれをやるのか。一の「憲法の条項を解釈する」は、本当は最高裁が最終決定権を持っていますが、今は実質的には内閣法制局がやっているのです。それならば、参議院が国民の前でやりましょう、ということです。憲法裁判所を作って「四権分立」のようなことをやるよりは、議会の中にその機能を持たせる。せっかく二院制にするなら、その機能を第二院に持たせる方が良いでしょう。

二の「憲法審査を行う」は、最終的には最高裁に訴える権利を残しつつ、日常的に審判を行う規定です。今は言ってしまえば、最高裁に「人権侵害だ」という訴えをしたところで、門前払いをされているわけです。しかも時間がかかります。より具体的に技術的なことを言えば、日本の裁判所は具体的な事件になったときに、必要なときだけ憲法判断するのです。

「憲法判断回避の原則」というのがあって、絶対に憲法判断しなければいけないとき以外は、選挙で選ばれた人のやったことを、憲法違反で無効だなどとするのは自重しなさい、となっているのです。ということは、政府や国会が憲法違反のことをやろうとしたり、法律を作ろうとしたりするときに、事件が起きる前にそれは憲法違反だと訴えていく場所がないのです。だから、それをやるために参議院にその権能を持たせるべきではなかろうかと考えます。

まとめてもう一度、改めて言うと、今の裁判所は事件が実際に起きたときに憲法判断をするかもしれない。しかし、実際にはほとんどしません。であるならば、そもそも事件が起きる前に訴えていく場所を作っておいたほうが良いのではないかとの考えです。

今、憲法裁判所を作る話がありますが、憲法裁判所の議論をここには入れていません。なぜ入れていないかというと、最高裁の中に憲法裁判部を作るのか、他の場所に作るのか、それぞれ人によって、政党によって議論が違うからです。

問題は、憲法判断をする人が多数派と同じならば、政府の決定を違憲とはいいません。反対にこれが少数派だった場合、民主的意思決定をひっくり返すことになるのです。であるならば、その議会の中に常置委員会をおき、それを受け付ける場所を作っておいて、それを専門的に審査する人を養成し、議会政治の〝筋肉〟にしておくほうが良いという思想です。

つまり、今の日本国の憲法論議と称する憲法典論議は、骨をいかにしっかりさせるかの議論はたくさんあるのです。どの骨が良いのか。問題は筋肉がなければ、骨だけがあっても意味がないのです。私が言っているのは、どうやって憲法に筋肉を付けるかの議論です。

そして、憲法だけではなくて、憲法附属法を三に挙げました。憲法に附属する法令とは何なのか。その解釈権を議会自身に与えて、あるいは、訴える側に与えて良いのではないかということです。

つまり、事件にもなっていないのに、最高裁に訴えてくるなという思想の、ものすごく実務的な単純な理由は、裁判所が忙しいからです。実際、それを認めてしまったハンガリーなど、年に千件はざらに訴えてくるので、それを悉《ことごと》く審査するだけで多忙になってしまうといったことが起こるので、専門的にそういう訴えを受け付ける場所を新たに作っておいたほうが、より実務的には合理的ではないかなと考えます。今の、既存の機関の人たちに憲法判断の仕事、憲法裁判の仕事を持っていくのは、みすみすパンクさせるだけでしょう。

四は緊急政令です。戦前の枢密院の緊急勅令の言い換えです。そもそも勅令とは、政令のことですから。緊急時に参議院の緊急集会で本来やるべきことです。これは枢密院の緊急勅令も、参議院の緊急集会でやったことも、次に議会を開いたときに、衆参両院の多数派が、戦前であれば貴衆両院の多数派が認めないと無効なのです。同じものです。それをやるということです。

五の弾劾裁判は、ここに残しておいても良いでしょう。無理に両院でやることでもないでしょう。

六の「検察官の公訴を提起しない処分の当否を審査すること」は、今、検察審査会の機能が、昔よりは機能するようになりましたが、一般の国民感情からはあまりにもかけ離れた結果になっているものもあって、要するに、昔よりはマシだけれども、明らかに機能していない面があるわけです。

現行憲法では絶対に無理なので、改憲でなければ実現しません。
最後の七は、つまり「その他」です。

第五章　内閣

——権力の扱い方

1　行政とは何か

二つの考え方――行政積極説、行政控除説

内閣とは、三権のうち行政権力を掌握している存在です。

では、その行政とは一体何なのか。

憲法学、行政学、行政法学で、大きく分けて二つの考え方があります。一つは行政積極説、そしてもう一つは行政控除説です。

行政積極説とは、〝ある理想を実現するために行政は存在するのだ〟との考え方で、何か積極的な目的を設定して、そのために行政があるとの考えです。学者によって細かく異なる説はあるのですが、基本的にこの説は少数説であり、通説ではありません。たとえば、行政とは福祉を実現するのだ、福祉国家を実現するために行政はあるのだ、行政は国民の福祉に奉仕する存在である、実現をめざせといった考え方を掲げるなど。国によってはそれで良いのだとの考え方もあり、よく例に挙げられるのが北欧です。

ただ、そういうことをやろうとすると、必然的に増税と規制強化になっていきます。つまり、政府が何かをやろうとするとそれにお金がかかるので、財源が必要になって国民に税負担を求めてくることになります。そして、政府が何かをやるということは国民に対する命令も増えていくのを意

味します。法則のようなものです。

それに対して、積極説があるのであれば、消極説もあるのですが、消極の言葉の響きが誤解を与えるので、行政控除説とも言います。消極説と言うと、消極の言葉に引きずられて、行政が消極的に何もしないのではないかといったイメージを持つ人がいるのですが、実際は逆です。

行政権力は国家権力の中から司法権と立法権を除いた、他の全てをやって良いとの考え、行政権力自身が司法と立法をやってはいけないけれど、それ以外は全部やって良いのだと考えるのが行政控除説です。

では、なぜ行政権力は、国家権力の中で司法と立法をやってはいけないのか。

司法は、特に刑事裁判があるので、行政権力が自分で審判を下すようなことがあってはいけない。

立法とは、行政と司法が何をやって良いかを決めることなので、行政権力が自分で決めてはいけません。無実かもしれない人を起訴するのが検察で、判決を下すのが裁判官です。検察は行政、裁判は司法です。だから自分のやったことを自分で判断しないよう、司法権の独立があります。だから、分離しなければならないのです。

立法は、行政と司法がやって良いことの基準となる法律を作ることです。立法と行政はアメリカのような国では厳格に分離されますが、イギリスを模範とする多くの文明国では、そこまで厳密でなくて良いと考えられています。むしろ「権力の融合」と言って、衆議院の多数派から総理大臣を出す方が、アメリカみたいに最高権力者が議会に拒否権を行使されなくて良いと考えられています。

これは後で詳述します。

日本国における行政は、基本的に行政控除説で動いているのですが、一部、積極説が介入しています。

たとえば、日本銀行法です。一九九八年に改悪され施行されています。その結果、実質、日銀は日本政府から独立している状態なのです。だから、総理大臣は日銀の総裁と二人の副総裁と六人の委員を任命するまではできるのですが、任命されたら日銀は総理大臣の言うことを聞かなくても良い構造になっています。

今の改悪日銀法にするときに、のちに内閣法制局長官になった、大蔵省出身の阪田雅裕《さかたまさひろ》内閣法制局第三部長が「これでは統帥権独立の復活ではないか」と批判していました。その阪田さんの意見に一つだけ反論するならば、戦前の軍部はもうちょっとマシに統帥権の独立を運用していたというぐらい、今の日銀はひどく、菅直人首相に言われてもお札を刷らずデフレ脱却への道を遠くした白《しら》川方明《かわまさあき》日銀総裁時代は特にひどかったのです。

政治家に金融がわかるのか、軍事作戦がわかるのかと言われると、それは無理でしょう。しかし、現場の軍人が核戦争を起こしてはならないのは、自明でしょう。国の命運を決める判断は、政治家が行わねばなりません。

政治家と専門家の関係は、政官関係です。軍人も含めて官僚、中央銀行も含めて官僚なので。行政を考えるときに、政治と行政、決める人と専門家の関係、すなわち政官関係が非常に重要になってくるわけです。

政治家と官僚の違い

政治家と官僚、政治と行政の違いとは一体、何なのかを押さえておきましょう。

選挙がなければ、政治家と官僚の違いはありません。ただし、形式上の違いがあったところで、機能しなければ政治家と官僚は同じものです。

さらにいえば、選挙と議会がなければ、法律と命令の違いはありません。法律は選挙で選ばれた人が決めているので、選んだ国民の権利を制約することも許されるといった考え方になっているのです。選挙と議会がなければ、権力者が一方的に命令しているだけになります。

令和二（二〇二〇）年からのレジ袋〝有料化〟は、一応、選挙で選ばれた議会が作った法律に根拠があるとされていますが、ある日突然、環境省がレジ袋をタダで配るなと命令をくだして、それは義務なのだと国民が勘違いして、一斉に、そして一気に〝有料化〟に動いてしまいました。レジ袋〝有料化〟については後でまた触れます。

日本は、実質だけ捉えると、官僚が国民に対して一方的に命令できる国になっているのです。政治家が仕事の中身をわかっていないので（それでいてわかった気になっていて）、官僚の言いなりになって、国民に指図をする。それを「実質的に機能していない」と、私は指摘しています。

そこでややこしいのは、官僚の皆さんの決まり文句、「選挙で選ばれた国民の代表である議会の皆さまが決めた法律に基づいてやっているのですよ」との言い訳が成立していて、実際、それはその通りなのです。政治家がそれを見抜けないから問題なのです。

その違い、制度、ルールを理解した上で動けるように、憲法論議をしなければいけません。つまり、真の意味での行政権を考えるときは、政治家と官僚の役割をうまく活かせる作り方をしなければいけないということです。

では、なぜ選挙をやって議会があるのか。民主政治が必要とされるのか。

現実には権力を行使するのは官僚です。官僚の仕事は権力を行使すること、と言った方が良いかもしれません。たとえば、パスポートを発給する、税金を取る、社会保険料を徴収するなど。公務員は、江戸時代で言えば、武士です。

前近代と近代の違いは、公務員が一方的に民に命令する関係にあるか、否かです。その権力者の公務員を、選挙によってみんなで監視しなければならないと考えるのが民主政治なのです。

そうはいっても、現実に権力を握っている人は強い。建前上、選挙で選ばれた政治家が立法、予算を通じて監視を行うことになっていて、政治は、立法府は何をやって良いか、いけないかを決める人が集まる場所となっています。それに対して、行政は決められたことに従ってやる人。そういう政治と行政の区別をつける。これが政治家と官僚の分離です。

そういう建前なのですが、レジ袋の例を持ち出すまでもなく、官僚の仕事に官僚よりも詳しい議員は、基本的にいません。この世に無限といってよいほど問題がある中で、官僚はその一つだけをひたすら研究していればよく、政治家は全部を知ろうと思ったとしても無理です。

では、どうしなければならないのか。大事なことだけは政治家はしっかり押さえておきましょうという思想になるわけなのですが、現実に法律や予算のほうは官僚が詳しいです。

日本で一番、法律に詳しいのは内閣法制局で、予算に詳しいのは財務省主計局です。そして、法制局と主計局が強い国は健全です。その典型例がイギリスです。

イギリスで内閣法制局長官にあたる人は大法官と呼ばれ、宮中序列は総理大臣より上です。イギリスで主計局を押さえている、大蔵大臣にあたる人が総理大臣です。長らく、総理大臣の正式名称は第一大蔵卿でした。本来の大蔵大臣の仕事は第二大蔵卿（大蔵総裁が定訳）がやっていたからです。第一大蔵卿が総理大臣である時代に、プライムミニスターの名称は綽名《あだな》だったのです。国民から集めた税金を使う人が首席大臣である、との発想です。

法制局や主計局が強い国は、軍や秘密警察が強い国と比べて健全です。つまり、法律とお金で動いているのは、暴力によって物事を解決しない証拠なので、健全なのです。

問題は、日本の場合、その強い法制局や主計局よりも強い政治家が出てこないことです。特に平成以降の政治の劣化が著しい。

国会議員は立法府にいるのだから法律を作るのが仕事だとはいえ、やはり、毎日二十四時間、三百六十五日、何年、何十年もその道一筋でやっている人のほうが詳しいに決まっているわけです。政治家は選挙の片手間に仕事をやらざるを得ない現実があるのです。予算に関しても同じです。主計局の皆さんは、半年間は〝季節労働〟で家に帰れないのが普通です。その働き方が良いかどうかは別として、日本の官僚はなまじっか悪い事をしないし、真面目なので、なまじっか優秀なのです。その「なまじっか優秀な人」が間違えたときに悲劇が起きて、それが今なのです。

解決策は何か。強い官僚よりもさらに強い政治家を作ろうというのが、文明国の制度設計です。その制度設計に基づいて、日々の不断の努力を行うわけです。

そして、官僚自身にできない、政治家だけの役割として、官僚の監視があります。官僚自身に官僚の監視はできませんから。

選挙で選ばれた政治家が大臣、副大臣、政務官（政務三役）として役所に乗り込んで権限を握る。選挙で選ばれた人の許可なくしては官僚が権力を行使できない体制。これが議院内閣制であり、官僚を監視する最大の方法なのです。

イギリスでは、総理大臣は衆議院議員でなければなりません。閣僚は貴族院でなければならない閣僚もあるので必ずしもそうではありませんけど。しかし貴族院議員を総理大臣にしたければ、その人は爵位を返上して選挙に出なさいとされています。何かの事情で貴族が総理大臣になるのは良いけれども、後から爵位を返上して選挙の洗礼を受けないといけません。最高権力者の総理大臣は選挙で選ばれた衆議院議員でなければならない。官僚を統制するのが、政治家の仕事だとの考えが徹底しているからです。

2　権力の分立と融合

日本では権力分立、三権分立を何も考えずに教えています。三権分立の中で大事なことは、権力を分立しなければならない部分があり、それを融合させるという思想もある点です。三権分立の言葉は教えていても、「権力融合」という言葉さえ、大学卒業までに習う日本人はいないのではないでしょうか。

分離しなければならない権力とは、行政権と司法権です。この絶対の必要性は既に述べました。立法権のほうはどうかというと、いったん、割った上でもう一度融合させるのが効率的だという経験則が、ウエストミンスターモデルと言われます。ウエストミンスターはイギリス議会がある場所です。

イギリス型の議院内閣制を、立憲君主制の国は模範としています。日本、スペイン、ベネルクス三国、北欧の三国などです。また、大統領制の国でも、ウエストミンスターモデルを採用している国も多々あります。国家元首である大統領が儀礼を行い、議会に選ばれた首相が最高権力者となる政治体制です。かつては大英帝国の一部だった、カナダ、オーストラリア、ニュージーランド、インドのほか、ドイツやイタリアもそうです。

民主国家では、アメリカとフランスが特異なのです。

それはさておき、立法権と行政権は、いったん割った後、もう一回くっつけたほうが、より強力な権力が創出できるのではないかとの経験則で運用されています。

行政権を考える場合、政党のあり方を考えるほうが、実質的な憲法問題になります。言ってしまえば、今の憲法では日本の総理大臣の権力は強化しようがありませんので。問題は、総理大臣を輩出する与党第一党党首の権力が弱すぎることなので。

歴代自民党総裁は、全員が派閥の談合により輩出されました。細川・羽田・村山連立政権は言うに及ばず、民主党政権の歴代首相も党首としての権力基盤の弱さに悩まされましたから。

では、憲法典で「政党総裁は、こうあれ！」と書くべきか。やめた方が良いでしょう。政党のあり方など、時代によって変わりますから。そういった事項は詳しく書かずに、しっかりと政党法を作ったほうが良いのではないかと考えます。

閑話休題。では、なぜ最初からくっつけておかずに、いったん割るのか。理念的には何をやって良いか悪いかを決める人と、実際に実行する人は別にしておいたほうが良いという考え方です。もう一つは政治家と官僚の癒着を戒めるためです。

イギリスでは、政府の役職がある議員にだけ官僚との接触の機会が許され、他の政治家が行政に介入することを防いでいます。逆に、官僚もパーティーで政治家と名刺交換したら、上司に報告義務があるのだとか。

日本では官僚の政党化などと言って、「官僚は即戦力だから政治家にしよう」とするのが明治以来の伝統です。伊藤博文の立憲政友会も、桂太郎の立憲同志会（後の憲政会、立憲民政党）も、そうでした。実際、日本の官僚は優秀で、政治家になっても適応できる人もいますが、原理的にはやめた方がいいことです。

ドイツの有名な社会学者マックス・ウェーバーが、その名著『職業としての政治』で「最良の官僚は最悪の政治家である」と書いています。つまり、人に決めてもらったことを完璧にこなせる人が、何をやって良いかを決めるときに、優秀になれないどころか、最悪の場合が多々あるということを、第一次世界大戦の教訓で書いた本なのです。

たとえば、超優秀な通訳が何をしゃべれば良いかを決められるとは限らない。名前を出して悪いのですが、宮澤喜一首相を想像してください。あの人は池田勇人が必ず通訳として連れて行った人で、官僚としては完璧だったのですが、政治家になったら地獄絵図の典型的な人でした。

宮澤さんならまだしも、大東亜戦争は政治家不在で官僚が政治家の地位に就いたから「ソ連の片手間の中国の片手間の、イギリスの片手間に、アメリカに喧嘩を売る」とか、これ以上ないほどの愚かな選択をしました。しかも行動範囲が、カナダからマダガスカルまで、地球の半分です。ソ連を警戒するのも、中国を警戒するのも、イギリスを警戒するのも、アメリカを警戒するのも正しい。しかし、その正しいものを全部繋げると、最悪の結果になった。

官僚は部分最適を求める存在なので、全体最適を判断する政治家がいなければならないのです。あの時代ですからどこの国とも戦争をしないのは難しかったかもしれませんが、それでも政治家なら「どこの国とも戦争しない」と決断、実行できてしかるべきなのです。

政治家と官僚の違いについて、話が大きくなりすぎたので、現代の話に戻りましょう。

官僚が国会に正式に法案を上程する前に議員に〝ご説明〟にあがって、そこで実質的な議論をしているのは、日本の特異な現象です。

日本の官僚や政治家がイギリスに行って「ご説明」がないことに驚き、ドイツに行った人は議会で本当の政治家がそこで議論していて与党の「事前審査」がないことにカルチャーショックを受ける。日本だと、与党の政調会とか総務会が実質的な議論の場ですが、それを国会でやっているのです。

政治家に密室で談合をするなと言っても無理ですが、今の日本の国会は単なるセレモニーです。あれで「居眠りするな」と言っても、可哀そうな気がします。

3　我が国における議院内閣制

内閣は大日本帝国憲法の前から存在した

さて、我が国の議院内閣制の話をしておきます。

実は太政官制《だじょうかんせい》は明治十八年まで存続しているのです。歴史的にいうと、左大臣が一番偉かったのですが、その上に太政大臣を作り、天皇の代行者として摂政があって、さらにまた関白と称される位ができて、といった具合にどんどん増えていったのですが、ではその人たちの仕事の違いは何かというと、まったくわかりません。

そして、そのことに気づいた人がいて、幕末などはかなり政治改革が実行されました。江戸幕府最後の将軍徳川慶喜《とくがわよしのぶ》は一生懸命に慶応の改革に取り組み、慶喜が将軍になってから五人の老中を、「お前は外交、お前は財政、お前は軍事」のようにそれぞれ担当させて、内閣制度の導入を試みていました。それは大政奉還であっと言う間に終わってしまいましたが。

王政復古の大号令以降、多くの行政改革が行われています。まず、政府の仕事のほとんどを行う大蔵省を作り、さらにそこから内務省を分離していって、というように、いろいろ役所を作っていきました。

先に役所を作ってから、そこを統括する大臣制度を明治十八年に作り、それが今に至る内閣制度です。そのとき内閣職権を作って、〝内閣とはこういうことをするところです〟と決めました。

その内閣職権が憲法制定のときに、内閣官制というのに変わりました。内閣官制全十条を載せておきました。内閣はこういう存在であると書いてあるわけです。

内閣官制
第一条　内閣ハ国務各大臣ヲ以テ組織ス
第二条　内閣総理大臣ハ各大臣ノ首班トシテ機務ヲ奏宣シ旨ヲ承ケテ行政各部ノ統一ヲ保持ス

第三条　内閣総理大臣ハ須要ト認ムルトキハ行政各部ノ処分又ハ命令ヲ中止セシメ勅裁ヲ待ツコトヲ得

第四条　凡ソ法律及一般ノ行政ニ係ル勅令ハ内閣総理大臣及主任大臣之ニ副署スヘシ勅令ノ各省専任ノ行政事務ニ属スル者ハ主任ノ各省大臣之ニ副署スヘシ

第五条　左ノ各件ハ閣議ヲ経ヘシ

一　法律案及予算決算案

二　外国条約及重要ナル国際條件

三　官制又ハ規則及法律施行ニ係ル勅令

四　諸省ノ間主管権限ノ争議

五　天皇ヨリ下付セラレ又ハ帝国議会ヨリ送致スル人民ノ請願

六　予算外ノ支出

七　勅任官及地方長官ノ任命及進退其ノ他各省主任ノ事務ニ就キ高等行政ニ関係シ事体稍重キモノハ総テ閣議ヲ経ヘシ

第六条　主任大臣ハ其ノ所見ニ由リ何等ノ件ヲ問ハス内閣総理大臣ニ提出シ閣議ヲ求ムルコトヲ得

第七条　事ノ軍機軍令ニ係リ参謀本部長ヨリ直ニ奏上スルモノハ天皇ノ旨ニ依リ之ヲ内閣ニ下付セラルヽノ件ヲ除ク外陸軍大臣海軍大臣ヨリ内閣総理大臣ニ報告スヘシ

第八条　内閣総理大臣故障アルトキハ他ノ大臣臨時命ヲ承ケ其ノ事務ヲ代理スヘシ
第九条　各省大臣故障アルトキハ他ノ大臣臨時摂任シ又ハ命ヲ承ケ其ノ事務ヲ管理スヘシ
第十条　各省大臣ノ外特旨ニ依リ国務大臣トシテ内閣員ニ列セシメラル、コトアルヘシ

つまり、内閣官制は大日本帝国憲法制定以前から存在する憲法附属法だったわけです。ですから、内閣の存在は憲法典には明記されていませんでした。憲法とは憲法典の条文だけで構成されるわけではなく、それを活かす附属法があってはじめて生きた条文になるのです。内閣官制は憲法附属法であり、憲法そのものです。だから、既にあるものを、帝国憲法にもう一回書かなくて良いのではないかというのが、当時の思想です。

帝国憲法は、内閣の規定がないから欠陥憲法だと言う人がいるのですが、そもそも存在していたのであえて書かなかったわけです。逆に、議会は存在しないので書いたのです。

「憲政の常道」という議院内閣制の原則

憲法発布の際に首相の黒田清隆が超然主義と称して、政党や議会を無視して内閣はやらせてもらうなどと言っていたのですが、その黒田が立憲改進党を作り自由民権運動に参加していた大隈重信や後藤象二郎を閣内に入れているので、既に超然主義は有名無実です。なぜかこの超然主義演説が、さも事実であるかのように歴史の教科書には書かれているのですが。

それどころか、衆議院は予算先議権という決定権を持っているので、その衆議院で多数を持つ政党を無視して、いかなる内閣も存在できなかったのが歴史的事実です。

ところが、政党の側も自分たちには政権担当能力がなかったので、官僚機構と衆議院の第一党が提携すれば良いのではないかと考え、桂太郎と政友会を率いる西園寺公望《さいおんじきんもち》が提携する「桂園《けいえん》時代」が到来し、比較的安定する政治が行われます。これを「情意統合」と桂と西園寺は言い合いました。「情意統合」とは甚だ品性に欠ける言葉で、芸者と客が仲良くするという意味です。官僚と政治家の関係はそういう間柄だという意味なのですが、これによって藩閥と政党が協調する体制で、つまり衆議院第一党以外の政治家と大多数の国民を排除する体制になってしまうのです。西園寺公望の与党の立憲政友会は、宮中・枢密院・貴族院・軍・官僚機構に勢力を、むしろ自分から扶植していって政治優位を作っていくという状況です。

政友会があまりにも体制的なので反対党が必要だろうと対抗政党として立憲民政党ができ、二大政党による議院内閣制という憲法習律である「憲政の常道」を成立させました。

では憲法習律とは何かというと、憲法体系に組み込まれた政治的慣例です。憲法習律は裁判規範ではないけれども、破ったならば、あとは責任を取らねばならない、政治的制裁がある規範です。

「憲政の常道」とは、戦前日本人が蓄積した、我が国における議院内閣制の原則です。

我が国の憲法を理解する上では非常に大事な考え方が、四つあります。

第一に、議院内閣制です。つまり、与党第一党総裁が総理大臣となることです。

第二に、首相の身体の事故に際しては、後継総裁が後継総理となる。これは何のためかというと、暗殺による政変を認めない為の原則です。もっとも、戦後日本では自民党総裁が総理大臣になっているので、この原則は忘れても良いような感じになっていますが。

第三に、単なる多数派工作による、陰謀による政変は認めない。これが戦後の発想からまったく抜け落ちているのです。本来の「憲政の常道」は、「何でも良いから多数を作れば良い」と有権者は衆議院議員に白紙委任しているわけではない、との精神がありました。

第四に、政策の失敗に際しては、与党は潔く下野して、第二党総裁に政権譲渡する。政権に居座って与党で総理大臣の椅子をたらいまわしにするな、との考え方がありました。

第二党が政権を握るということは、少数与党なので自動的に一年以内に総選挙を行うことになります。有権者の承認は選挙によって得なさいという力学が自然と働くようになるわけです。

大日本帝国憲法という憲法典では、文武官《ぶんぶかん》の任命権は天皇の大権だと第十条に書いています。その条文による天皇の大権はそのままで良いので、その代わり総選挙によって示された民意で総理大臣を選ぶ習律を確立すべきだとしたのが、大正デモクラシー運動です。大正デモクラシーは戦後の用語なので、当時の言い方は大正リベラリズムです。それはともかく、選挙で選ばれていない官僚ではなく、選挙で国民に選ばれた政治家を総理大臣に選ぶ憲法習律を求める運動こそが、大正リベラリズムです。これは大正末期に実現しました。

しかし「憲政の常道」は、わずか八年で終わってしまいました。あまりにも二大政党の腐敗がひどくて、国民に見捨てられたこともあり、一般に評価が低いのですが、ポツダム宣言でも降伏要求として「民主主義的傾向の復活強化」と書かれていて、戦前における民主的経験であったのは間違いありません。

さて、ここで憲法習律の話をさらに深掘りしておきます。

憲法とは条文に何を書くかよりも、政治力学を考えて動かすものなので、「憲法習律は裁判で罰せられないから破って良いのだ」ではなくて、制裁があるのです。たとえば、衆議院解散権を行使して総選挙で破られた首相は退陣しなければならない。つまり、その後、居座っても法律も予算も通りません。

ちなみに昭和十二（一九三七）年、林銑十郎《はやしせんじゅうろう》は予算を通した後、解散して大敗したのですが、予算は一年間もつにしても、翌年の予算も通らなければ、その間、法律も一本も通らないので、見通しを失って退陣に追い込まれました。また、一人の国務大臣が造反したのに辞表を出させられず、閣内不一致になるのが、阿部信行《あべのぶゆき》、東條英機ほかの戦前の内閣で一番多い退陣原因です。

なぜ、林、阿部、東條の三人の名前を挙げたかというと、全員が陸軍大将なのです。戦前の日本は、特に昭和十年代は陸軍の横暴がひどかったと言われるのですが、帝国憲法は生きていました。憲法習律が存在していたのが、帝国憲法が生きていた何よりの証拠です。

だから、憲法典の条文に何を書くかよりも、運用が極めて重要になるのです。

ついでに言うと、帝国憲法の首相には閣僚の罷免権がなかったのではなくて、罷免権は憲法第十条で天皇にあるので、総理大臣が「この大臣を罷免しましょう」と言えば、天皇は拒否できないのです。

ただ、辞表を出せと言っても出さないような大臣を天皇陛下に推薦した責任はどうなるのかということで、罷免の例は一度もありません。帝国憲法施行以前に、大隈重信大蔵卿が、諭旨免官されています。これも一長一短で、これはあまりにも厳しすぎたので、戦前の内閣はホイホイと潰れました。ところが、戦後の大臣はホイホイとクビにできてしまいます。

結論から言うと、罷免権があったほうが良いものの、政党政治のあり方として、ここまで簡単に大臣のクビを挿《す》げ替えて良いのかという問題はあります。

4 新旧憲法比較――帝国憲法と「憲政の常道」

以上のような前提をふまえた上で、日本国憲法における内閣の規定がどうなっているかを見ていきます。これまでの章では、新旧の条文比較をしながら見てきましたが、帝国憲法には内閣の規定がないので、条文の比較のしようがありません。しかし、憲法典以外から比べることはできるわけです。

帝国憲法

第五十五条　国務各大臣ハ天皇ヲ輔弼シ其ノ責ニ任ス
凡テ法律勅令其ノ他国務ニ関ル詔勅ハ国務大臣ノ副署ヲ要ス

ちなみに、帝国憲法第五十五条に国務大臣の規定があります。「国務各大臣は天皇を輔弼し、その責に任ず」と。つまり、立法と司法、それからいつの間にか統帥権が勝手に独立するなど、いろいろあるのですが、基本的には国務全般に関しては大臣が、天皇陛下に代わって権力を行使して責任を取る。

建前は天皇親政なのだけれども、この場合の天皇親政は「天皇親裁」といって、全ての国家の命令の書類は天皇陛下の御名御璽《ぎょめいぎょじ》、サインとハンコがなければなりませんという意味です。実際に権力を振るう意味での親政ではありません。では、天皇陛下のサインとハンコがあればそれで法律的効力を有するかというと、そうではなくて、国務大臣の副署がなければそれは無効ですとしていたので、実質的な権限と責任は大臣にある体制になっていたのです。

それに加えて、細かい規定として、内閣官制があれば良いではないかというのが、帝国憲法の発想です。それに対して、日本国憲法の第五章は第六十五条から第七十五条まであって、これを見た宮澤俊義は「ここまで書かなければならないのか、バカにしているのか」と言っています。出典は高見勝利『宮沢俊義の憲法学史的研究』（有斐閣、二〇〇〇年、二四三頁）です。高見さんは宮澤の弟子の芦部さんの弟子、つまり孫弟子の憲法史学者です。

宮澤流に言えば、ここまで細かく書かなければ日本人は「憲政の常道」を守れないと思っているのか、というのが日本国憲法の第五章です。日本国憲法第五章は「憲政の常道」の明文化なのです。戦前の「憲政の常道」は憲法典の条文になっていなかったからけしからん、と言う人が多いのですが、宮澤自身がこんなことまで書かなくても良いだろうと言っているわけです。

議院内閣制を条文で規定していて、日本の場合は国会議員以外は首相にはなれません。そしてなぜか、衆議院議員しか総理大臣になれないという慣例が定着していって、制度上、参議院議員もなれるのだけど、総理大臣になりたくて衆議院に鞍替えする人がいる以上、それは習律として確立していると見て良いわけです。なぜそうなのかは合理的な説明はどこにもなくて、そういう雰囲気で習律になりました、ぐらいしか言えないのです。

そこをなんとか、一応の説明をつけるとすれば、衆議院の解散権を持つ総理大臣は衆議院議員全員をクビにできるので、自分が衆議院にいないのはアンフェアではないか、ぐらいの理屈でしょうか。あと考えられるのは、参議院にいる人に解散されても言うことを聞きたくないといった空気。もっと言うと、参議院を勝手に二軍と見ている謎の空気、これは〝謎〟としか言いようがないのです。それはカーボンコピーとして参議院を制度設計して、衆参の役割分担を何も考えずに日本国憲法を作ってしまったがゆえに、そうなってしまったので、そうならないような憲法典の論議をしなければならないということです。

確かに、日本国憲法の条文に書いてあることは誰も破ってはいないのですが、謎ルールとしか言いようがない習律が、政界に出来上がっています。それもこれも、衆議院と参議院の役割を考えずに、似たようなものを二つ並べた弊害です。

日本国憲法ができた当初の占領期に、社会党の片山哲《かたやまてつ》が第一党になったので、早速、社会党と民主党、国民協同党で三党連立内閣を作りました。その片山が政権運営にあっという間に失敗したので、野党第一党の自由党を率いる吉田茂が「憲政の常道」に従って政権を返せと迫り、世論はこれを支持しました。しかし、GHQのケーディスが「政権交代は総選挙によってのみ行われるべきであって、勝手に少数派に政権を渡すなどは民主主義ではない」と言い出し、与党第二党の民主党総裁の芦田均《あしだひとし》を総理大臣にしました。これを当時の日本人は「政権たらいまわし」と呆れました。

その芦田もうまくいかず、ケーディスは性懲りもなく与党第三党の国民協同党党首の三木武夫《みきたけお》を総理大臣にしようとします。しかし、国協党は、四百六十四人中三十一人の議席しか率いていません。これのどこが民主化なのか。二度もマッカーサーに呼び出された三木が逆に「アメリカにデモクラシーがあるならば、日本には『憲政の常道』がある」と説教する始末です。

結果、吉田茂に政権が返り、吉田はほどなくして行った解散総選挙によって多数派になるのですが、ケーディスはあくまでその解散を阻止しようとします。ケーディスは「首相に解散権はなく、内閣不信任案が可決したとき以外に解散はできないはずだ」とゴネたのですが、そこはなんとか吉田がマッカーサーと話をつけて、談合しました。マッカーサーの斡旋で、野党に内閣不信任案を出させ、吉田は解散しました。「なれ合い解散」と言います。

確かに、ケーディスのやらせたこと、やらせようとしたことは、日本国憲法の条文に照らして合憲です。しかし、それが立憲的なのかと当時の日本人は怒っていたわけなのです。ケーディスがやったと占領軍批判をしたわけではありません。ケーディスは政権たらいまわしをするのが、民主的だと本気で思っているのです。

三木武夫や吉田茂などは、たらいまわしは「憲政の常道」に反するので、合憲だけれども非立憲的だからけしからんと反発していたのです。しかし、今やケーディスがやったような、「衆議院で多数派をとれば誰を総理大臣にしても良い」との政治が定着しています。

平成初頭の政権交代の際、第五党で五百十二人中三十五人の政党の党首にすぎない細川護熙を首相にしました。非自民党政権は、細川退陣後に羽田孜にたらいまわしします。逆に自民党も、四十年近くも（直近の選挙でも）反対党だった社会党党首の村山富市を担ぎ、政権奪還しました。これらすべて合憲です。では立憲的なのか。

そもそも、立憲非立憲の議論、その運用が憲法の求めるところにかなっているのかの議論すら、ありません。

今後も「条文を破らなければ何をやっても良い」とする運用を続けるのか。これは憲法典の議論から離れた、憲法論議です。憲法が政治のルールであるならば、政党はプレーヤーです。プレーヤーのあり方は、憲法論議として意識しておかねばならないのです。

さて、現行憲法の条文を眺めましょう。

日本国憲法

第六十六条　内閣は、法律の定めるところにより、その首長たる内閣総理大臣及びその他の国務大臣でこれを組織する。

②　内閣総理大臣その他の国務大臣は、文民でなければならない。

③　内閣は、行政権の行使について、国会に対し連帯して責任を負ふ。

日本国憲法第六十六条第二項に文民規定があります。この文民規定は、憲法第九条で自衛のためならば戦争ができて軍隊が持てるのではないかと因縁をつけられたので、仮にそうなったとしても、軍人が総理大臣になれないようにしておけば大丈夫でしょうといってできた条文です。ただそれだけの、要らない条文なのです。さらに、内閣法制局がこの「文民」の解釈が変わったことを認めざるを得ないぐらい変な条文なので、無い方が良いでしょう。

第六十八条　内閣総理大臣は、国務大臣を任命する。但し、その過半数は、国会議員の中から選ばれなければならない。

②　内閣総理大臣は、任意に国務大臣を罷免することができる。

第六十八条第二項に閣僚罷免権を明記しているのは、戦前の反省です。日本国憲法を全面否定したい議論があって、私もそれに賛成はするのですが、このように見てくると、日本国憲法第五章の内閣の規定などは、「憲政の常道」の明文化なので、書いている内容が悪いとは言えません。本当に余計で要らないのは文民規定ぐらいです。

5　自由主義憲法草案　条文解説

第五章　内閣
第三十五条　行政権は、内閣に属する。
2　内閣は、法律の定めるところにより、その首長たる内閣総理大臣及びその他の国務大臣でこれを組織する。
3　内閣は、法律の規定を実施するために必要な政令を発することができる。ただし、憲法及び法律に反する内容の政令を発することはできない。
4　内閣は、国会に対してその責任を負う。

この第三十五条は、議院内閣制の原則を明記しているだけなので、一つにまとめて良いと考えました。

第三十六条　内閣総理大臣は、衆議院議員の中から衆議院の議決でこれを指名する。この指名は、他の全ての案件に先立ってこれを行う。

この憲法では、衆議院議員と参議院議員の役割を明確化します。前章で参議院の役割を詳細に規定しました。一時の多数決にそぐわないことを扱うのが第二院の役割です。それに対して、衆議院は内閣と「権力の融合」を行い、官僚の監視を行うのが本旨です。既に「総理大臣は衆議院議員でなければならない」との憲法習律が成立しているのですから、総理大臣の資格を国会議員から衆議院議員に絞っても何も問題はないでしょう。

第三十七条　内閣総理大臣が国務大臣を指名するときは、その過半数を衆議院議員の中から選ばなければならない。

2　内閣総理大臣は、任意に国務大臣を罷免することができる。

国務大臣に関しても、過半数を衆議院議員から選ぶとして良いかと思います。

ちなみに、普通の参議院議員の大臣は一回大臣になって終わりの人が多いのが普通です。もちろん例外はありますが。元参議院議員で現内閣官房長官の林芳正《はやしよしまさ》さんは、参議院議員のときに何回も大臣をやり、結局は衆議院に鞍替えして総理大臣を目指していらっしゃいます。

そういう格付けをするのであれば、最初から、総理大臣になりたい人は衆議院にいってください とし、長く落ち着いて議員をやりたい人は参議院で、とするのが良いのではないかとの考えです。

第三十八条　内閣総理大臣が欠けたとき又は衆議院議員総選挙の後に初めて国会の召集があったときは、内閣は総辞職をしなければならない。

2　内閣は、衆議院で不信任の決議案が可決されたとき又は信任の決議案が否決されたときは、十日以内に衆議院が解散される場合を除き、総辞職をしなければならない。

3　前二項の場合には、内閣は、新たに内閣総理大臣が任命されるまで引き続きその職務を行う。

第三十八条は、総理大臣、内閣、国務大臣に対する不信任です。

行政学で内閣総理大臣と内閣の違いというのがあって、厳密にはその通りの議論があるのです。たとえば、実務的な話を例に出すと、不審船が来ました、内閣で対処しなければいけません、大臣の一人が夜中に連絡がつきません、でも持ち回り稟議でどうにでもなるのです。そんな決定に私は反対だと一人の大臣が駄々をこねれば、帝国憲法の場合は、閣内不一致で総辞職になりかねません。

しかし、今の憲法の場合は、夜中であろうが、いざというときに連絡がつかなくてガタガタ言うような、そんな大臣はその場で罷免して良いとしている点で、やはりそこは今の憲法のほうが戦前の反省を生かしたところでしょう。問題がないわけではないのですが。

今の憲法では、内閣とは総理大臣と補佐する人たちです。

ちなみに、内閣総理大臣とは大臣会議の議長という意味なので、内閣の構成要件は総理大臣なのです。よって、総理大臣の閣僚罷免権があるというのは極めて大きい規定ではありません。ここまで細かい規定は、国会法か内閣法、やはり国会法でやるべきなのかなという気がしないでもないのですが。憲法典に書いておいたほうが良いという理屈もあると思います。

第三十九条　内閣総理大臣は、内閣を代表して議案を国会に提出し、一般国務及び外交関係について国会に報告し、並びに行政各部を指揮監督する。
2　内閣総理大臣は、法律の定めるところにより、軍の最高指揮権を有する。
3　内閣総理大臣その他の国務大臣は、いつでも両議院に出席し、発言することができる。

第三十九条第一項は行政権の内容を明記しました。

第二項は、軍の指揮権です。第八条第二項で軍の存在を明記しましたが、ここでいきなり出てくるよりは良いでしょう。当然、「軍」と書いてあるので、自衛隊法は全面改正です。全面改正と言っても、自衛隊を軍と、あるいは、国防軍でも何でも良いのですが、名称変更だけを行うのか、本当に中身を、実質も含めて全部改正するのかという問題があります。私は実質改正したほうが良いと思います。

第三項は、慣例として確立していますが、明記していて害があるわけではありません。

第四十条　内閣は、他の一般行政事務のほか、次に掲げる事務を行う。
一　法律を執行し、国務を総理すること。
二　外交関係を処理すること。
三　条約を締結すること。ただし、法律をもって定めることを要する事項に関わる条約又は国に重大な義務を負わせる条約を締結する場合には、国会の承認を必要とする。
四　国会の承認を得て、国際人道法が適用される状態を宣言し、及びその終結を宣言すること。ただし、内外の情勢によって国会の召集を待つことができない緊急の必要があるときには、参議院常置委員会の承認を得ることをもって、国会の承認を得たものとする。この場合においては、次の国会の会期において、国会にこれを報告し、その承認を求めるものとする。
五　法律の定める基準に従い、官吏に関する事務を掌理すること。

六　予算案を作成し、国会に提出すること。

第四十条は、基本的には今の憲法の改正条文なのですが、大きく変えた部分もあります。第四項はわかりにくいかもしれませんが、わからないからこそ国民に考えてもらうための条文です。

国際人道法が適用される状態とは、いわゆる戦争のことです。自分が宣戦布告する、これは正式の戦争状態です。宣戦布告は国連憲章で違法化されていますが、相手がある話なので、こちらから仕掛けなくても相手から仕掛けられるという、今のウクライナのようなこともあります。ロシアは宣戦布告はしていませんから、ウクライナで起きているのは事変です。敵から仕掛けられた事変が発生したときに、それは「事実上の戦争」、「デファクト（de facto）・ウォー」と言います。

宣戦布告があろうがなかろうが、いざとなったときに発動されるようにしておく。かなり繁文にしていますが、いざというときだからといって、権力者が何をやっても良いというわけではない。選挙によって選ばれた衆議院によって選ばれた総理大臣は、行政と融合した総理大臣であり、全権を与えられ全権を持っているのだけれども、かといってみだりに国民の権利を侵害しないように、参議院、特に常置委員会があるという体制にしているということです。いざというときにこそ、国民の自由を守るための規定をと考えています。

第四十一条　内閣は、国家緊急事態を宣言することができる。この宣言の条件及び効力は、法律でこれを定める。

2　内閣は、公共の安全を保ち、又はその災いを避けるため、緊急の必要があり、かつ、国会が閉会し、停会し、又は休会して開けないときに限り、法律に代わる緊急政令を発することができる。

3　緊急政令を発するためには、法律の定めるところにより、参議院常置委員会の同意を得ることを必要とする。

4　内閣は、緊急政令を発した後、国会が開かれたときは、当該緊急政令について国会の承認を得なければならない。国会が当該緊急政令を承認しないときは、内閣は、三十日以内にその効力を失うことを公告しなければならない。

第四十一条はこれもまた緊急事態条件になります。

緊急政令とは何かというと、戦前の枢密院が許可した緊急勅令のことです。いざというときに内閣、実質は総理大臣が緊急事態を宣言して、それの監視として、枢密院に代わる参議院の、特に常置委員会が要る、という設計にしています。

この章の大半は実は、内閣法や国会法、あるいは慣例に任せても成立します。しかし、緊急事態の規定だけは、しっかりと憲法典に記載しておいた方がいい。そこから逆算して、条文案を作成しました。

そして何より、最高権力の主体である内閣総理大臣のあり方を国民が考えないのであれば、そんな憲法論議は意味がありません。

この条文があるからといって、官僚が国民に対してホイホイと権力を行使することがなくなる、政治家が官僚の尻馬に乗ることが無くなる、などというファンタジーはあり得ません。

政治家が官僚を監視しているか、有権者が政治への監視を忘れると、すぐに政治は腐敗します。

なお、本章を官僚批判の文脈でとらえられたら、完全な誤解です。官僚には官僚の本分があるので、政治家の真似事をさせられるのは、マトモな官僚にとっては苦痛でしかありません。しかし、敗戦以前から制度が硬直化しています。だから戦争に負けたわけですが。

その解決策は、政治をしっかりさせること、特に憲法政治の主体である政党の改革が必要です。

それは憲法典だけに頼るのではなく、不断の努力が必要です。本章には、最小限の内容だけ書き込みました。

第六章　裁判所

——本当に人権の砦にする

1 「自由を守る」という目的意識の設定

我々の自由が侵害されたときに守ってくれる存在は、裁判所のはずです。特に、日本国憲法の建前では最高裁判所は「憲法の番人」、「人権の砦」などと言われています。では、最高裁が本当に「人権の砦」であるのか。

そもそも、なぜ最高裁が「憲法の番人」、「人権の砦」なのか。三権のうち、たとえば、立法府である国会が人権違反、憲法違反の法律を作ったり、あるいは行政府である政府が人権違反の政令を出したり行為があり、人権侵害が発生したとします。それを司法府である裁判所に訴えれば、最終的には最高裁が違憲判断をしてくれるので、たとえ立法府や行政府がどんな人権侵害、憲法違反をやったとしても、その法律や政令は無効になる。だから、日本国憲法のもとでは人権侵害に対して泣き寝入りすることはない。まったくの建前です。

実態はどうなのか。まず、違憲判断をする前に「憲法判断」をしなくてはなりません。最高裁がその憲法判断をしそうだとなっただけで、新聞の一面に載ります。大抵の人は気づきませんが。

細かいところを言えば、最高裁の裁判は通常、五人の裁判官で行う小法廷で行います。憲法判断、特に違憲判決は大法廷で十五人の裁判官全員を集めてやらなければいけないので、大法廷が開かれそうだぞというときに、「最高裁が重大な憲法判断をするのではないか」と新聞の一面に載るのです。

大法廷を開くだけ開いて、憲法判断をしない判決を下すこともあるのですが。

本当に違憲判断をすれば、憲法学の教科書に絶対に載ります。最高裁における日本国憲法の違憲判決は十二件です。最初の違憲判決が昭和四十八年ですから、最高裁は昭和二十二年の日本国憲法施行以来、本来の仕事を二十六年間しなかったわけです。

そして、違憲の前に、「違憲状態」という謎の状態があります。憲法違反か合憲か、判断は二択のはずなのに、その中間のイエローカードのような状態があるのです。おまけに、「違憲」とレッドカードになっても、違憲だけれども無効にしないという「事情判決」というよくわからないものまであります。

たとえば、「一票の格差」に関して、「法の下の平等に反する」とした違憲判決が二件あるのですが、本当に選挙をやり直した事例は一度もありません。「一票の格差」が本当に守るべき人権なのかどうなのか、これは被害者が本当にいるのかと言われている人権でもあるのですが、日本国憲法を正しいとする立場からすれば矛盾です。

そもそも守らない人権を憲法典に書くべきなのか。守れない人権、守っても仕方がない人権を書いてしまったがゆえに、なんとか誤魔化す理屈を考えている憲法論であれば、まったく意味がないでしょう。

司法試験を目指す人や大学の法学部に入った人が、必ず読む「判例百選」といった最高裁の憲法判例集は、別名「最高裁門前払い集」と揶揄されています。最高裁が憲法判断をしないための理屈、間違っても違憲判断をしないための理屈が芦部の憲法学に代表される東大憲法学です。今や京大憲法学もあまり変わりません。

人権規定は、守らないのであれば書かない。その代わり、憲法典に書いた以上は絶対に守る。では、どうやって守るのかを考えるのが、この章「裁判所」の議論です。

2 守るべき人権とそのための手法

日本には憲法判断すらなし

第三章の「国民の権利」として、自由主義憲法草案で守るべき人権として挙げていったのは以下の権利でした。

請願権、参政権、信教の自由、表現の自由・政治活動の自由・政党結社の自由、通信の秘密、法の適正手続き、裁判を受ける権利（起こす権利）、住居不侵入、居住・移転・職業選択の自由、財産権、緊急時における権利

最小限の権利だけを書いておいて、絶対に守ろうと挙げた権利です。

ただし、憲法典に書いた自由は、（内心の自由のように）無制限ではないので、制約原理があります。

誰がどうやって制約するのかを監視をするのが、裁判所です。

普段、裁判所は行政府と立法府の違憲な行為や違憲立法など、そもそもその法律自体が違憲であるといった事態から国民を守る役回りが求められます。

ここで憲法典の条文に入る前に、現在の最高裁の行動基準となっている「二重の基準」を紹介しておきます。

「二重の基準」は、アメリカの連邦最高裁が使っているやりかたで、「芦部の憲法」が輸入しました。これを理解しなければ、自由をどうやって守るかの議論はできません。二重の基準とは、経済的自由権と精神的自由権に対して異なる二つの基準がそれぞれ用いられるとの意味です。経済的自由権に関しては合憲性推定原則を用い、精神的自由権に関しては憲法違反ではないかと厳格審査をするという、文字通り二重の基準を用いるのを指します。

合憲性推定原則とは、財産権の侵害ではないか、あるいは、営業の自由を侵害しているではないかなどの経済的な自由権に関しては、選挙で選ばれた人たちが議論して多数決で決めた法律なのだから、合憲なのではないかという前提で話をしましょうとするやり方です。

一方で、精神的自由権、心の問題とか人間の根源的な問題に関しては、厳格審査をして、最初から行政府や立法府が憲法違反をしているのではないかという疑いの目で見ろ、とするのです。

この二重の基準を実務では使っています。ところがややこしいことに実際の結果は、違憲判決は経済的自由権のほうが多いのです。

では、なぜアメリカで「二重の基準」を使っているのかというと、アメリカの連邦最高裁は本当に憲法判断が仕事で、その法律が憲法違反かどうかを日常的に判断します。だから、毎日のように違憲判断を求められる場面が多く、仕事が忙しすぎるので、「ゼニカネの話は多数決で決めてください、心の問題は多数決で決めてはいけないのでここで決めます」という理屈立てになっているのです。これは正しいかどうかではなくて、実務上の都合なのです。

さらに根本的な点を言うと、アメリカでは裁判所は連邦最高裁に一元化されているので、連邦最高裁が憲法判断をやるのです。

アメリカとは違って、ドイツの最高裁は憲法判断をしません。なぜなら、別に憲法裁判所があって、そちらで憲法判断をするからです。

日本の場合はアメリカ型なのにドイツ型の運用をして、その上にアメリカの「二重の基準」まで輸入してしまうので、ますます憲法判断をしなくなるという理屈なのです。

ちなみに、この問題を指摘していたのは宮澤俊義です。要するに、憲法判断を求められたとき、憲法裁判所もないのに日本の最高裁が憲法判断をしないのでは、どこにも憲法判断をする機関がなくなるではないかと（高見勝利『宮沢俊義の憲法学史的研究』有斐閣、二〇〇〇年、二六三頁）。

ところが、弟子の芦部信喜が、憲法判断をしない理屈を一生懸命に作り、今に至り、日本にはどこにも人権を最終的に守ってくれる機関がない運用になってしまっているわけなのです。

本当に自由を守ろうとすれば、財産権を単なるゼニカネの問題ではなく、人間の自由の根幹であると捉えねばなりません。そもそも守れないような権利は書かずに、法律で判断するとします。その代わり、書かれた権利に関して、合憲性推定原則などはない。「財産権」も含めて厳格審査をするという運用で、国民の自由を守ろうといった制度設計をしていくべきです。

現在の裁判所は、何か具体的な事件にならなければ、そもそも審査をしません。〝何か事件がありました、憲法判断してくれなければ判決をくだせません〟となってはじめて、最高裁は憲法判断をするのです。憲法判断をしなくても事件の判決を下せますというときは、絶対に憲法判断をしない、むしろ、するなというふうになっているのです。事件になる前に審査することを抽象的審査と言いますが、今の最高裁はやりません。

吉田茂内閣が警察予備隊を作ったとき、少数派である社会党の鈴木茂三郎《もさぶろう》委員長が、国会の多数決で押し切られたけれども、これは憲法違反なのではないかと最高裁にいきなり持ち込みました。そのとき、〝具体的事件になっていないのでうちでは審査できません、国会の多数決でやってください〟と門前払いされました。

日本の場合は、最高裁が判断しないのに、国会の多数決でいきなりやってしまえば合憲性推定原則がはたらいて、多数決で憲法違反ではないことになってしまいます。抽象的審査ができるようにしなければ、時の多数決だけでなんでも決まってしまう事態になります。

では、「参議院常置委員会と最高裁と、どちらでやるべきか」。結論から言えば、役割分担が必要でしょう。最終的には最高裁に権限を残しておくとしても、時間がかかりすぎます。だから日常的には議会の中にある常置委員会で行う。そして両者の連絡を密にする統治機構の設計を憲法附属法で行うべきです。これは後で詳述します。

今の最高裁には憲法判断回避の原則というのがあって、余計な憲法判断はするな、本当に必要なとき以外は憲法判断するなとなっているので、違憲判決が当然少なくなります。当然それも一理あります。選挙で選ばれた人の多数決で決めたことを、何でもかんでも、選挙で選ばれていない最高裁でひっくり返せば、選挙の意味が無くなります。多数決をひっくり返したければ最高裁に持っていけば良いのかといった話にもなります。しかし今のように、ほぼ絶対やらないのもまた問題であるので、いろいろな政党が憲法裁判所を作ったほうが良いのではないかと言っているわけです。

繰り返します。アメリカの場合は憲法裁判所がないので連邦最高裁が憲法判断をし、ドイツの場合は別に憲法裁判所があるので、最高裁は憲法判断をしません。日本の場合は憲法裁判所がないにもかかわらず、最高裁が憲法判断をしないのです。日本には憲法判断をするところがどこにもない。この事実を改めて言っておきます。

呆れたことに、有名な護憲派教授は、〝ほとんどの立法は、法律は政府提出法案、いわゆる閣法というもので、これは全て内閣法制局の審査を経ているので最高裁が判断をしなくても合憲であろうということができるので、合憲性推定原則が強くはたらく。要するに、最高裁の仕事を内閣法制局がやっている〟と、まさか教科書には書いていませんが、岩波新書（長谷部恭男『憲法とは何か』、二〇〇六年）に書いています。

「内閣法制局が最高裁の仕事をしている」という実態は、「行政府が法律を作っている」ということを意味します。そして、その立法府や行政府の人権侵害に対して、独立しているはずの司法権が審査するから人権が守られる建前になっているのに、行政府が自分で「これは憲法違反ではありません、人権侵害していません」と言える恰好になっている。ここが問題なわけです。

つまり、内閣は自分で作った法律を「これは違憲です」と言うわけがない。しかも行政府には政権交代がない。政権交代するたびに憲法違反になるのなら、それはそれでまた問題であって、前の内閣がやったことを憲法違反で全部ひっくり返されても困るのですが。

3 新旧憲法比較

条文でいえば、司法権の規定は、日本国憲法ですら七条しかなく、帝国憲法では五条しかありません。なぜ、司法権の規定だけこれほど短いのかと考えると、憲法典で規定するよりも下位法や運用のほうが大事だからです。ではなぜ、立法府や行政府は司法府よりも詳細な規定なのかというと、実は理由はないのです。

第四章の「国会」でも、ほとんどのことは国会法で大丈夫、といった内容だったわけです。内閣に至っては帝国憲法に「内閣」の言葉はありません。

こういうところがイギリスに統一的な憲法典がない理由でもあります。だからこそ憲法典に余計な文言を書き込むのではなく、その代わりに書いたことは絶対に守ろうという憲法草案を作らなければ意味がないと、改めて強く言っておきます。

さて、新旧憲法の条文を比較しながら見ていきましょう。

帝国憲法

第五章　司法

第五十七条　司法権ハ天皇ノ名ニ於テ法律ニ依リ裁判所之ヲ行フ
裁判所ノ構成ハ法律ヲ以テ之ヲ定ム

旧憲法の第五十七条は「司法権は天皇の名において行う」でしたが、『憲法義解』によると、これが天皇は正義の源泉であるという根拠になっていました。

ところが、日本国憲法になるとその条文そのものがないのです。前文から考えると正義の源泉は国民なのでしょうけれども。

日本国憲法

第六章　司法

第七十六条　すべて司法権は、最高裁判所及び法律の定めるところにより設置する下級裁判所に属する。

② 特別裁判所は、これを設置することができない。行政機関は、終審として裁判を行ふことができない。

③ すべて裁判官は、その良心に従ひ独立してその職権を行ひ、この憲法及び法律にのみ拘束される。

日本国憲法の第七十六条の第二項で特別裁判所を禁止しました。これは、日本国憲法は日本国の総力を潰すために押し付けたものなので、軍法会議を作らせないための規定です。そして、行政裁判を行う行政裁判所もなくなりました。

軍法会議がないという一条を以て、自衛隊は軍隊ではないと言う人がいて、それはその通りです。他にも自衛隊が軍隊ではない理由はいくらでもありますが、第二章を参照してください。

戦前は帝国憲法第六十一条で行政裁判所の規定がありました。行政裁判所を設置するかどうかはアメリカ型かフランス型のどちらが民主的かといった話ではなく、かなり細かい話になるので、割愛します。通常の裁判所に行政裁判部を置くか、別に設置するかの違いなので、憲法典で規定する必要はないでしょう。

問題は日本国憲法第七十六条第三項です。すべての裁判官は、良心と法によってのみ拘束されるとあって、これを職権行使の独立と言います。これは帝国憲法にはなかった規定です。

俗に司法権の独立と言われますが、本当に大事なのはここです。憲法典に職権行使の独立を書いたから、帝国憲法と違って現在の裁判官は職権行使の独立があり、良心と法のみによって裁判が行われる国になったのか。本当にそうなっているのであれば、ここで何も話さなくて良いのですが。

日本国憲法

第七十七条　最高裁判所は、訴訟に関する手続、弁護士、裁判所の内部規律及び司法事務処理に関する事項について、規則を定める権限を有する。

②　検察官は、最高裁判所の定める規則に従はなければならない。

③　最高裁判所は、下級裁判所に関する規則を定める権限を、下級裁判所に委任することができる。

現行憲法の第七十七条は裁判所の規則です。これはあえてここに書く必要があるのか疑問です。

日本国憲法

第七十八条　裁判官は、裁判により、心身の故障のために職務を執ることができないと決定された場合を除いては、公の弾劾によらなければ罷免されない。裁判官の懲戒処分は、行政機関がこれを行ふことはできない。

帝国憲法

第五十八条　裁判官ハ法律ニ定メタル資格ヲ具フル者ヲ以テ之ニ任ス

裁判官ハ刑法ノ宣告又ハ懲戒ノ処分ニ由ルノ外其ノ職ヲ免セラルヽコトナシ

懲戒ノ条規ハ法律ヲ以テ之ヲ定ム

日本国憲法第七十八条は旧憲法の第五十八条と同じく、裁判官を罷免するための規定です。心身の故障や犯罪などがない限り、裁判官は身分保障されると書いています。日本の場合はあまり議論しなくて良いところです。一応、言っておくと、裁判官がマフィアに銃殺されたり賄賂で買収されたりする、そういう国もありますので。幸い日本ではそこは考えなくて良い、幸せな国です。

日本国憲法

第七十九条　最高裁判所は、その長たる裁判官及び法律の定める員数のその他の裁判官でこれを構成し、その長たる裁判官以外の裁判官は、内閣でこれを任命する。

②　最高裁判所の裁判官の任命は、その任命後初めて行はれる衆議院議員総選挙の際国民の審査に付し、その後十年を経過した後初めて行はれる衆議院議員総選挙の際更に審査に付し、その後も同様とする。

③　前項の場合において、投票者の多数が裁判官の罷免を可とするときは、その裁判官は、罷免される。
④　審査に関する事項は、法律でこれを定める。
⑤　最高裁判所の裁判官は、法律の定める年齢に達した時に退官する。
⑥　最高裁判所の裁判官は、すべて定期に相当額の報酬を受ける。この報酬は、在任中、これを減額することができない。

現行憲法の第七十九条です。衆議院選挙のたびに最高裁裁判官の国民審査を行っています。任期がきた最高裁の判事で罷免したい人にバツを付けるというやり方で行ってきて、一人も罷免された裁判官はいません。一般の国民に審査せよと言っても無理な話です。金と紙と時間と労力の無駄遣いとしか言いようがない制度です。

だから参議院に常置委員会を置いて、おかしな裁判官がいないかを専門家がチェックできるようにする。もちろん、立法府が司法権に簡単に介入してはなりませんが、弾劾以外に何もできないのはおかしい。そもそも、裁判の知識も経験もない一般国民に審査をさせても意味がない。それなら、そういう今のままでは無駄な機能は、議会の専門家に任せた方がいい。

日本国憲法

第八十条　下級裁判所の裁判官は、最高裁判所の指名した者の名簿によつて、内閣でこれを任命する。その裁判官は、任期を十年とし、再任されることができる。但し、法律の定める年齢に達した時には退官する。
②　下級裁判所の裁判官は、すべて定期に相当額の報酬を受ける。この報酬は、在任中、これを減額することができない。

第八十条では下級審の身分を新設しました。が、これは本当に要るのでしょうか。法律で十分でしょう。

第八十一条　最高裁判所は、一切の法律、命令、規則又は処分が憲法に適合するかしないかを決定する権限を有する終審裁判所である。

第八十一条で最終的には最高裁が憲法判断をします、違憲判断をします、となっています。

帝国憲法
第五十九条　裁判ノ対審判決ハ之ヲ公開ス但シ安寧秩序又ハ風俗ヲ害スルノ虞アルトキハ法律ニ依リ又ハ裁判所ノ決議ヲ以テ対審ノ公開ヲ停ムルコトヲ得

日本国憲法

第八十二条　裁判の対審及び判決は、公開法廷でこれを行ふ。

②　裁判所が、裁判官の全員一致で、公の秩序又は善良の風俗を害する虞があると決した場合には、対審は、公開しないでこれを行ふことができる。但し、政治犯罪、出版に関する犯罪又はこの憲法第三章で保障する国民の権利が問題となつてゐる事件の対審は、常にこれを公開しなければならない。

旧憲法第五十九条と現行憲法の第八十二条は裁判の公開です。

憲法学の授業では、戦前二・二六事件の軍法会議は非公開で行われて人権侵害だとよく言われます。逆に、その前の五・一五事件が公開裁判で行われ、事件の下手人は英雄視されました。殺された犬養毅首相は可哀想だけれど、殺した海軍の軍人さんはエライとの風潮になって、四年後の二・二六もそうなるだろうと事件を起こしたら、今度は非公開で行われたとよく言われるので、裁判の公開・非公開に関しては、現実にそんなに問題があるとは思えません。

公序良俗とは、主に性犯罪の裁判に関してですが、さすがにこれは日本人は常識人かと思います。某国のように強姦事件の裁判を全国に生中継する国ではないと思います。

帝国憲法から日本国憲法に書き加えた事柄は、書かなくて良いことか、余計悪くなっていることしかないと思うので、やはり簡文憲法で良いのではないかと思います。

4　司法権のありかたと裁判所の性質

そもそも司法権とは何なのかを押さえておきます。

三権分立の中で立法府と行政府はいったん分離した上でむしろ融合させるほうがうまくいくのだという話はしました。また、立法府と司法府の分離をそんなにうるさく言う人はあまりいません。そもそも立法府が決めた法律に従って、司法府は裁判を行うわけなので。

三権の中で最も厳密にやらなければいけないのは、行政府と司法府の分離です。

何度も言ってきたように、捜査して逮捕する警察と、その二つが完了した上で起訴をする権限を独占している検察はどちらも行政権で、警察も検察も巨大官庁です。そこから裁判所が独立していなければ、無実かもしれない一個人はどうやって無罪になる可能性があるのか。

有名な「遠山の金さん」は、江戸時代の話とはいえ、裁判官が警察と検察と弁護士と証人、一人五役をやっています。これを本当にやられたら困ります。前近代の裁判は、自分で捕まえてきて自分で裁判をするので、権力者の気が変わらない限り無実にならないのです。

韓国ドラマなどには〝王様裁判〟というのがあって、いきなり、重要人物の主人公などの貴族が縄で縛りつけられて、明らかに拷問された痣《あざ》だらけの顔で、王様の前に引っ張り出されて、王様の第一声が「お前の罪はなんだ?」と推定有罪（拷問付き）です。

そうしたことをやめましょうというのが、司法権の独立です。平たく言うと、自分で捕まえてきて自分で裁判してはいけないということなのです。

裁判官は行政権が、事件発生から捜査して逮捕して起訴するまでの過程において不正をしていないかを審査する。デュー・プロセスが守られたかどうかを審査する存在なのです。

よく学生に、刑事裁判において「裁く」という言葉が正しいならば、裁かれるのは誰かと問うと、学生は「被告人です」と答えます。そこで、私が「違います。裁かれるのは検察です。検察官が起訴するまでの過程で不正がなかったかを審査する。それが『裁く』の意味なのです」と説明するのですが、どうもそういう意識がありません。

大津事件はバラ色の美談ではない

我が国の司法権独立の歴史を、戦前までざっと振り返ると、明治二十四（一八九一）年の大津事件という有名な事件が必ず語られます。大津事件とは、ロシアの皇太子（後のニコライ二世）が日本にやってきたときに、警護の巡査がロシア皇太子に切り付けた事件です。ロシアに宣戦布告されてもおかしくないような事件なので、日本国は下手人を死刑にして詫びようとしたのですが、当時の法律には死刑にできる規定がありませんでした。政府が裁判所に圧力をかけたのですが、今の最高裁判所長官にあたる、当時の児島惟謙《こじまいけん》大審院院長が撥ね返し、司法権の独立を守ったと言われます。

確かに行政権からの司法権の独立は守りました。そして、罪刑法定主義といって、これはいろいろな意味があるのですが、そのひとつに刑法を〝類推解釈で行ってはいけない、刑事罰を下すときは文字で書かれた処罰以外は下してはいけない〟とする原則があって、それは守ったのです。

しかし、児島は部下の判事に「こういう判決を下さなければいけないのだよ」と説得を行いました。外部の行政府からの独立は守ったかもしれないけれど、司法府の中で上司が部下に対して圧力をかけたわけです。まさに日本国憲法がいう「職権行使の独立」を守ったかに関しては、疑問です。

日本国憲法では裁判官の職権行使の独立が憲法典に明記されました。日本国憲法第七十六条第三項の極めて美しい条文です。さて、これが本当に実現しているのであれば、〝平目《ひらめ》裁判官〟などと問題になるはずがないのです。カレイに似た魚の平目は、上ばかりを見ている。だから、裁判の現場で目の前にいる当事者に向き合わずに、上司のご機嫌ばかり窺っているから〝平目裁判官〟と言われているわけです。

戦前の裁判所は司法省に従属していた

制度論としては、戦前の裁判所は司法省、今の法務省に従属していました。人事と予算が行政府にあるのです。この一事で以て司法権の独立はなかったとの見方も可能だと言う人もいます。

逆に、制度上いろいろ問題があっても、若い裁判官が多くて裁判所への信頼が高かったとも言われます。恐縮ながら、事実として、今の裁判所の偉い方はお年を召している方が多い。戦前は裁判官の格が行政府の官僚と比べて低かったと言われるのですが、逆に、仕事ができる人が多かったという評価があるのもまた事実です。

司法省は裁判所の人事と予算を握っていても、裁判内容への干渉はしてはならないとの建前は、大津事件以降も誰もがわかっている話になったわけです。

それでも干渉する東條英機《とうじょうひでき》という大馬鹿者がいて、かの悪名高い翼賛選挙のときにいろいろな裁判官に対して圧力をかけたのですが、それでも圧力を撥ね返した「気骨の判決」と呼ばれる有名な判決があります。大政翼賛会のときの色んな選挙区で選挙の無効を訴える裁判があったとき、吉田久《よしだひさし》という裁判官が無効の判決を出し、本当にやり直しをさせたほどです。

戦後の日本では国政選挙の無効判決による選挙のやり直しはありません。よりによって戦前は翼賛選挙でやり直しをさせているというぐらい、司法権の独立があったわけです。戦前がバラ色だとはひとことも言いませんが、戦後が百パーセント戦前より民主的であったというのもまたウソであるとわかります。

今では最高裁で出世する人というのは、裁判をしないのです。最高裁事務総局という、事務作業をやるところに行くので、自分で判決文を書いたりしません。

裁判官のなかには起訴状通りの判決文を書く裁判官がいて、せめて裁判員制度を入れるべきではないかと問題になりました。本当に日本国憲法の理念が実現しているのであれば、そんなことは問題になるはずがないのですが、平成十一（一九九九）年以降の司法制度改革が出てくるほど問題だらけです。

戦前と違って、最高裁は人事と予算で完全に独立しました。最高裁が大蔵省主計局への官官接待をやっているのではないかというようなことが、『産経新聞』で連載され、岩波書店から書籍化された黒木亮『法服の王国』（産経新聞出版、二〇一三年。二〇一六年、岩波現代文庫）という不思議な小説に書かれていたりしますが、フィクションですので、本当かどうかは知りません。

最高裁判事には枠があります。もちろん裁判官出身の枠が最大です。あとは、検察官出身者、弁護士出身者、学者、そして行政官出身者の枠がそれぞれあります。行政官出身者の枠には、主に内閣法制局長官と外務省国際法局長（昔の条約局長）です。国際法局長は必ず一人いないと国際法の専門家がいないことになるので、必ず入れておこうということです。

この枠組みが運用としてそんなに良いものかどうかは疑問です。なぜなら、検察官は当たり前ですが民事裁判をやったことがなく、刑事事件一筋です。そして、国際法局長は確かに国際法に詳しいかもしれないけれど、刑事裁判をやったことはあるのか、といったことを考えると心もとない。しかも、理論上は司法試験に受からなくてもなれるのです。ついでに言うと、理論上、長官にもなれてしまう。仕事が務まるかどうかの問題はありますが。

また、事務総局は調査官と呼ばれる人たちで構成されており、実際に判決文を書いているのはこの人たちではないかと常々言われています。

そう考えると、最高裁判事が本当の専門家中の専門家なのかとの疑惑がある。疑惑というか、実際のところ、調査官はともかく、最高裁の判事の大抵の人より、内閣法制局のほうが最高裁判例に詳しいのではないでしょうか。

刑事裁判では、検察庁は「検察官一体の原則」と言って、重要事件では検事総長以下幹部全員の意見が合意してから起訴を行います。何十人もの法律の専門家が検討してから起訴、事件によっては検察自身で捜査・逮捕を行うこともあります。それだけの裏付けのある起訴状に対し、三人の裁判官の合議体にすぎない地方裁判所が無罪判決を下すには、かなりの勇気がいるのは確かでしょう。最高裁の大法廷でも十五人ですから。

また、裁判官は若くして司法試験に受かった人ばかりで、実社会に疎い人が多いとも言われます。そこで日本でも、アメリカの陪審員制度にならって平成二十一(二〇〇九)年に裁判員制度を導入しましたが、一審だけです。二審以降で判例踏襲だったら何の意味があるのか、との批判もあります。「一審では一般の人にもわかりやすい言葉で裁判をしましょう」ぐらいの、やらないよりはマシレベルの制度が導入されたわけです。

司法権の独立に関して、アメリカの公文書公開でいろいろなことがわかってきています。行政府からの独立どころか、アメリカ大使に最高裁長官が呼びつけられて判決を下したという事実も明らかになっています。「砂川事件」(昭和三十八年最高裁判決)では、東京地裁の裁判官が「日米安保条約が憲法違反である」との判決を下し、最高裁がそれをひっくり返しました。それをアメリカ大使と相談しながら決めたというのです。

ちなみに第一次大戦の直前、セルビアという小国はこれが嫌で、国土が焦土となる大戦の道を選びました。セルビアのテロリストが、オーストリアの皇儲《こうちょ》夫妻を暗殺しました。これに対しオーストリアは最後通牒として十か条の条件を突きつけ、セルビアは裁判にオーストリア人を入れよとの要求だけは取り下げるよう懇願しましたが、拒否され、大戦に至るのです（中山治一『帝国主義の開幕 世界の歴史21』河出文庫、一九九〇年、三一八頁）。

一応形式的には独立しているけれども、いろいろな問題がある裁判所を、戦前のように形式的に独立していない裁判所に戻すのは恐らく不可能であり、やるべきではないでしょう。というのは、行政府の意向のままに判決を下す裁判官も問題ですが、行政府に意趣返しする裁判官が次々と出てくるのもまた問題なのです。変な裁判官がいても、ある程度我慢しなければいけないのが現行憲法体制です。

となると、立法府が大事になります。特に行政府と一体化している衆議院ではなくて、第二院である参議院のほうで対応すると考えるのが、より良いやり方ではないかと思います。

参議院不要論などと言われていますが、一院制、二院制のどちらにも問題があるわけです。そうした中、第二院がなんのために要るのかと考えたときに、この司法権との関係を、第二院である参議院が考えるのは適切なことではないでしょうか。実際、イギリスの場合はつい最近まで貴族院に最高裁があったわけなので、立法府と司法府の関係は完全に独立していなくても良いのではないでしょうか。

「憲法裁判所」をどうするか

さて、「最高裁とは別に憲法裁判所を置くべき」との議論に関してです。

いろいろな政党、改憲論者が憲法裁判所を作ったほうが良いと言っているのですが、憲法裁判所が衆議院を基盤とした政府に賛成するのであれば、不要です。反対するのであれば、有害とは言いませんが、混乱します。つまり、選挙で選ばれていない憲法裁判所が政府の決定を覆して良いのかという問題があり、その一方で、選ばれた議員だけで合憲か違憲かを決めて良いのかといった問題もまたあるわけです。

だからこそ、自由主義憲法草案では、参議院改革における多様な議員構成として、国民の代表の専門家によって違憲審査を行うこととしました。

仮に衆議院を基盤とする政府と参議院の憲法判断が割れたのであれば、両院が割れたので、総選挙により決着をつけるべきであるということです。

憲法裁判所の設置には問題が多いので、参議院改革によって対応すべきではないかと考えます。

なぜ憲法裁判所が必要なのかという問題の根本は、最高裁には「憲法判断回避の法理」があって、その運用に山のように問題があります。「憲法判断回避の法理」そのものに問題があるのではなく、その運用と制度に極めて重大な問題があるのです。

終審裁判所である最高裁に、そもそも違憲判決の最終的な判断を残すべきかどうかという問題がありながら、現在は制度上そうなっています。

ところが、最高裁は憲法判断をする立場であるにもかかわらず、その仕事を徹底的に回避して、実質的には行政府の事務局にすぎない内閣法制局が行っていて、そのことを護憲派の学者が喜んでいる。何が立憲主義なのかさっぱりわからないのが実態です。

であるならば、立法府では参議院が事実上の憲法判断を行うとし、よほどのことがない限り、最高裁は憲法判断を回避して具体的事件のみ審査するという今の体制でやっていく。最高裁の職員はただでさえ忙しいので、憲法判断の事件、しかも、抽象的審査などはやっていられないというのが現実なわけです。それが現実であるならば、参議院に任せれば、謙抑的な今の姿勢が機能するのではないかと思います。最高裁に憲法判断を残しても良いけれど、憲法判断させない体制を作っておけば良いと考えます。

ただし、最高裁と常置委員会の憲法審査部の連絡を規定する法律は絶対必要です。これは憲法典に書く話ではなくて、具体的に法律で決めるべきでしょう。

そもそも参議院の役割とは何かと考えたときに、こういう役割が残っているではないかと考えたところからの発想です。

5　参議院に置く常置委員会の役割と構成

第四章で、参議院の役割として、参議院に常置委員会を置くのはどうかと提案しました。その構成をここで詳しく話します。司法権、特に最高裁とも密接に関係します。また、准司法権と言われる、法務検察とも関係します。

緊急時の審議、緊急事態の認定、緊急政令、国際人道法が適用される状態の認定

自由主義憲法草案でこの常置委員会にどういう役割を求めるかというと、まず、枢密院の機能を参議院に吸収して持たせて、実態化させようということです。つまり、今の緊急集会の規定を適切に使わせるわけです。何よりも大事なことは、今の参議院の、唯一は言い過ぎでしょうが最大の意義と言って良い、緊急集会の過程で規定をより整理して、緊急時の審議をするための機関であるとします。

そもそも緊急時を認定する、そして、戦前の緊急勅令にあたる緊急政令を出す。緊急政令とは緊急事態だと言って、コロナだとか、大震災のときの話です。「国際人道法が適用される事態」というのは敵がある話。こちらがどうこうするまでもなく、ウクライナみたいになったときにどうするのだというときで、議会が開けないときにこれをやるということです。

憲法審判

次に、憲法裁判にあたる、憲法審判をこの常置委員会でやって良いのではないかと考えます。最終的な有権解釈は最高裁に残して良いけれども、抽象的審査も含めて憲法審判をやる。ただし、不服があれば、最高裁に訴える権利は残しておく。あくまで審判である所以です。

憲法解釈

これについては衆議院に対する、参議院の優越を認めて良いでしょう。不服があれば憲法審判、そして裁判所に訴えることもできます。

憲法附属法令の審議

そして、憲法附属法令の審議もここでやって良いのではないでしょうか。もっとも、参議院も第二院として、その法令の審査にあたり参加していますが、法令も制定時より年月が経って時代に合わなくなることもあります。そのような際に、改廃を衆議院や参議院の同僚に促す機能があっても良いでしょう。

弾劾裁判、検察審査会機能、その他の必要事項

弾劾裁判は今、衆参両院で行っていますが、衆議院を交えてやる必要もないと考えます。これは裁判官に対するチェック機能です。

また検察審査会の機能も参議院常置委員会に持たせます。

以上のように考えると、それでは一体、どういう人が参議院議員として相応《ふさわ》しいか、特に常置委員として相応しいかを、説明していきます。

首相経験者＝本人が望めば衆議院議員を辞職後、終身資格。

まず、首相経験者本人が望めば、終身議員にしてあげれば良いのではないか。議員を引退しろとは言いませんが、首相を辞めた人が衆議院に残るのは戦後、半ば慣例化しています。小泉純一郎さん、福田康夫さんなどは、早々に議員を引退しましたが、たまに潔く辞めたと思ったら息子に地盤を譲るという現状がある。そうであれば、総理大臣まで務められた方は終身議員として残っていただく。戦前の元老、重臣のような立場になっていただく。

ちなみにイタリアではそういう制度があります。自動的になるわけではないようですが。イギリスも本人が望めば一代貴族の爵位をもらえるそうです。

大臣経験者＝政府の推薦。六年任期付。再任可。

大臣経験者全員をしなくても良いと思いますが、政府の推薦で一定の枠を設けても良いでしょう。長老には短期的な政治の意思決定をする衆議院からは身を引いてもらい、大所高所からの見識を発揮してもらう。

終身という訳にはいきませんが、政府の推薦で次の選挙までの任期付きでなってもらっても良いのではないでしょうか。

各省事務次官等経験者等＝政府の推薦。六年任期付。再任可。

各省の事務次官経験者級の、必ずしもトップの次官でなくても局長級、あるいは、たとえ課長などでも優秀な人。具体的に指定しますが、歴代財務省主計局司計課長にはなっていただきたいと思います。

あるいは、内閣法制局参事官の中で特に優秀と認められる人など。

そして検察官出身者。検察には、四十歳で検察官に就任するような人がいても、そういう人は絶対に検事総長にはなれません。出世できないからといって問題であるわけではないですが、現場の知見を持った人に、引退後に議会で実力を発揮してもらっても良いのではないでしょうか。

裁判官経験者＝最高裁の推薦。六年任期付。再任可。

裁判所の現場を知っている人もいないと、幅広い現実的な仕事はできないであろうと考えます。終身でなくても任期付きで、裁判官は引退したけれど、まだご隠居するまでもない人などになってもらうのです。

憲法審判審判官＝選挙、政府の推薦、最高裁の推薦で構成。

事実上の憲法裁判にあたる憲法審判を行う審判官は、多様な構成であるべきです。時の多数派の意思と、少数派の意思が混在していなければならないからです。一回の選挙で多数を得られるような制度も、多数が永久化される制度も困ります。

選挙で選ばれた人、政府、最高裁の推薦で構成される、多様な構成にするのが良いのではないでしょうか。常置委員会の中に憲法審判部を作り、実務を担う官僚も必要になります。

検察審査会委員＝選挙、政府（除・法務省）の推薦、最高裁の推薦で構成。

検察審査員というのを今、クジ引きで選んでいますが、その正当性がまったくわかりません。まったくの法律の素人の国民がいきなり呼び出されて、どうしろと言うのか。

これも多様な構成が求められて然るべきです。ただし、法務省、検察官出身者だけは入れないように規定を作っておいたほうが良いと思います。つまり、後輩の仕事を先輩がチェックすることになるからです。

全体としては、政府の推薦枠を一定数確保することで、ねじれ国会にならないようにする。けれども、完全に多数で決めるわけではない、というふうにするのが良いと思います。

総理大臣経験者の終身議員などはアメリカほど必要かどうかはともかく、年金的なものを渡しても良いと思います。

議員年金の制度は憲法論とは別に、実際に憲法委員をするときには考えないといけないですし、歳費はどうするのだと、そういう細かいことも必要です。私は歳費を減らして手当を増やすべきだと思っています。そこまで細かい話は憲法論でする必要もないと思うので、これ以上は立ち入りません。

6　自由主義憲法草案　条文解説

以上をふまえた上で、条文の解説に入ります。

第六章　裁判所

第四十二条　司法権は、裁判所に属する。裁判所は、最高裁判所及び法律の定めるところにより

設置する下級裁判所並びに特別裁判所をもって構成される。

2　特別裁判所の管轄に属すべきものは、法律で定める。

第四十二条は特別裁判所を作れるようにしておくということです。つまり、今まで通りの最高裁を頂点として下級再審がある構成とは別に、特別裁判所というものがあるわけです。

第四十三条　裁判官には、法律で定める資格を備える者を、内閣が任命する。

2　裁判官は、心身の故障又は、公の弾劾によらなければ、その身分を失わない。

第四十三条は身分保障の話です。大きく変える必要はありません。

第四十四条　裁判の対審及び判決は、法律の定めるところにより、公開法廷でこれを行う。ただし、裁判所は、裁判官の全員一致で、公序良俗を害するおそれがあると決した場合には、対審は、公開しないでこれを行うことができる。

第四十四条は裁判の公開です。大きく変える必要はありません。

憲法典の条文にそんなに細かく書くということ自体が問題なのです。特に「司法権」の、日本国憲法で新設した「職権行使の独立」の条文は美しいのですが、実態はどうなのかと考えると本当に空しくなります。

憲法裁判所は、あえて入れませんでしたが、実は作りたければ作れるようにはしてあるのです。特別裁判所の中に、法律で憲法裁判所はやはり必要だから作ろうということができるようにはしてあるので、特別裁判所を否定しないほうが良いのです。

第七章

会計と地方自治

——政策に委ねる内容は書かない

はじめに――何を書き、何を書かないか

憲法に限らず、法律は大事な条文は前のほうにあるという原則があり、後ろのほうにいくと、かなり技術的な話が多くなるので、淡々と進めていきたいと思います。

章の題名が、帝国憲法では「会計」、日本国憲法では「財政」となっています。

昔は金融も含めて「財政」と言っていました。しかし今の世の中では、財政と金融は対立概念のようになっていて、財政の語には金融は含まれない場合が多いので、国の財政というよりは、国の会計と言ったほうが上位概念に相応しい言葉ではないかと思っています。

また、自由主義憲法草案には地方自治の項目はないのですが、そもそもこれを憲法典に書く必要があるのかというところから議論の俎上に上げたいと思います。それでも、やはり残したほうが良いとの立場にも備えて、そちらのほうの条文の元となるものも用意しています。

1　現行憲法の地方自治と、日本の特性

まず、書くべきかどうかの「地方自治」から始めます。

日本国憲法の第八章「地方自治」は第九十二条から第九十五条の四つの条文です。一つ一つ見て

いくと、日本国憲法は意外と簡潔な文章で、簡文憲法です。

日本国憲法
第八章　地方自治
第九十二条　地方公共団体の組織及び運営に関する事項は、地方自治の本旨に基いて、法律でこれを定める。

第九十二条で地方自治を、国法で決めるとしています。というのは、戦前、地方自治は限りなく無いに近く、かなり制限されたものであり、内務省の下部組織が道府県だったのです。昭和十八年に東京都ができて都道府県になりました。

ちなみに、東條英機内閣の戦時体制下の昭和十八年に東京府と東京市が合併して東京都になりました。日本維新の会が大阪府と大阪市の二重行政を解消しようとしているのはその例に倣っているのです。東條内閣、数少ない功績の一つです。二つめは知りませんが。

かつての東京市は事実上、今の都議会です。当時は政治家の兼任が可能だったので、尾崎行雄《おざきゆきお》や後藤新平《ごとうしんぺい》が市長になったりしています。日銀総裁、大蔵大臣、貴族院議員を歴任した井上準之助《いのうえじゅんのすけ》は、東京市長になれと言われて断りました。

ほとんどの仕事を東京市が行っていたので、東京府のほうはあってなきが如しでした。

要するに、中核の豊かな市があると、県の仕事は一体何なのだろうとなるわけです。当時の東京府は実際の影響力がない存在で、無駄だったので、二重行政を解消しようと戦時体制のときに東條英機が一つにしたぐらい、戦前の中央集権の状態でも、地方行政には難儀していました。

ちなみに、当時の知事は官選なので、内務省の課長の中で優秀な人が、地方に知事として行きました。そして、その中で優秀な人が本省に戻ってきて局長になったのです。昔の知事は、内務省の部長級の役職でした。

その仕組みには良いところと悪いところがあるのですが、GHQがやってきたときに「知事は選挙で選ばなければならない」となり、民選の知事となったのです。そして、中央集権はよろしくない、地方自治を進める、それが民主化だという、アメリカ的な考え方で始めたわけです。

その理念が第九十二条です。何が書いてあるかといえば、地方自治をやりますと書いてあるだけです。

第九十三条　地方公共団体には、法律の定めるところにより、その議事機関として議会を設置する。
②　地方公共団体の長、その議会の議員及び法律の定めるその他の吏員は、その地方公共団体の住民が、直接これを選挙する。

第九十三条には地方議会の規定がありますが、これはGHQが来てから始めたわけではなく、明治の初めの帝国議会ができる前からやっています。

大久保利通《おおくぼとしみち》が本当にやりたかったイギリス型の文明国になる、大英帝国のような国になるためには、いきなり国会を開くよりも、地方議会で民衆の訓練をしてからのほうが、民度が高まって文明の美果を収められるだろうと行ったのが、地方議会の養成でした。その大久保はそれを始めてからほどなく暗殺されるのですが。

地方自治こそが民主主義の学校であるというイギリス的な理念は、日本にはGHQ以前から、それどころか、帝国議会、帝国憲法以前からあったわけです。日本国憲法第九十三条があったからできたわけではありません。

第九十三条第二項は知事の公選です。第九十二条の理念を、特に具体的にしているところです。それが固定化されるのが良いかどうかは別で、知事が選挙で選ばれているからといって、旧自治省系を中心とした官僚の天下りではない人は何人、何パーセントなのかといった話をしだせば、憲法典で規定する話なのかなと疑問も出てきます。

第九十四条　地方公共団体は、その財産を管理し、事務を処理し、及び行政を執行する権能を有し、法律の範囲内で条例を制定することができる。

第九十四条は、条例を作れる機能、規定です。

第九十五条　一の地方公共団体のみに適用される特別法は、法律の定めるところにより、その地方公共団体の住民の投票においてその過半数の同意を得なければ、国会は、これを制定することができない。

第九十五条は特定の地方公共団体にのみ適用される特別法についてです。たとえば、広島市は平和都市にしましょう、といったようなものに関しては、国の多数決だけではなくて、そこの住民投票を経なければならないとしています。

日本国憲法第四十一条に「国会は唯一の立法機関である」と書いておきながら、その例外規定があって、その唯一の立法の例外として第九十四条、第九十五条と連続して並んでいます。

「唯一の立法機関」と要らない文言を書いてしまったがゆえに、他の条文を例外扱いしなければならないので、憲法学者は大変です。それもこれも、アメリカ人の落ちこぼれの集まりであるGHQが、国会の地位を高めようとしつつ、同時にアメリカのような地方自治が進んでいる国のようにしようとして、その際にそれら二つの理念の整合性を何も考えていなかったからなのです。

この極めて短い四つの条文の中で、本当になければいけない条文はどれなのか。

今の世界的な憲法論議の流れを見ると、これでは短すぎるのでもっと書けというふうになるのですが、書いたからにはそれは固定する話になるのです。

憲法と法律のそもそもの違いとは、一時《いっとき》の多数決で変えて良いものが法律で、一時の多数決で変えてはならないものが憲法なのです。

中央と地方のあり方は、一回の多数決で変えたり、また選挙で政権交代をしたら元に戻して良いものなのかどうかを考える上で、外国の例を見ていきます。

2 外国では深刻な、中央と地方の対立

イギリス

しばしば国民投票で連合離脱の動きがあるので、本音は自治を認めたくない国です。

イギリスは統一的な憲法典がないので、当然、中央と地方の関係は規定されていません。いわゆるイギリスは「連合王国」が正式名称で、イングランドを中心にウェールズ、スコットランド、そして北アイルランドの連合国です。

長期政権を築いた労働党のトニー・ブレアと保守党のジェームズ・キャメロンの、若くして総理大臣になった二人が、住民投票が大好きだったのです。この二人の首相が、イギリスに残りたいのか、出たいのかを住民投票で決めようとそれぞれの党で推進し、事あるごとにスコットランドが離脱するのではないかとか、また住民投票を行おうなどという話になって揉めているのはご存知の通りです。

この国は地方自治を認めながらも、それを監視する中央の政府の役人がいるので、二重行政のような実態があります。

ドイツ

ドイツはもっと地方がばらばらで、自治を言いだすときりがありません。そもそもドイツは三十ぐらいの国の集まりで、その前は三百ぐらいに分かれていたわけです。別の国を、一つの国の中の団体として統制させるのは、ものすごく大変です。ドイツはもともとたくさんの違う国だったのが、連邦としてまとまるのですが、それでも、一つの国ですよと憲法第二章で規定しています。

スイス

スイスも似たようなものです。そもそもドイツ語、フランス語、イタリア語、その他と、言語そのものが分かれています。しかし周辺諸国がすべて敵であった歴史があり、一つに結束しているだけの国なので、我々は連邦国家であると第三篇（章）で規定しています。

ちなみに、それぞれの憲法典では「章」、あるいは「篇」などの呼び方があって、アメリカの場合は、普通の国の「章」が「条」になっているのですが、それはあまり気にしないでください。

アメリカ

アメリカ憲法は第四条（章）で連邦制を規定しています。三権の後に連邦制が出てきます。

そもそもアメリカは十三の違う国の同盟から始まり、今のNATOやEUのような存在から始まりました。ジョージ・ワシントンが独立戦争を始めた時は、イギリスの十三の植民地がNATOのように結束。独立が認められてからしばらくは、今のEUのような存在。今のように一つの国民国家になったのは、アブラハム・リンカーンが南北戦争に勝利してからです。ただ、今でも州の権限は強く、反中央の思想は強いです。

韓国

韓国は道《どう》ごとにそれぞれ地域対立があります。道ごとにほぼ違う国のようになっているのですが、それだけに大統領は「五年で変わる王様」みたいなところがあります。

地方自治をどれくらい憲法典に書いてあるかというと、わずか二条です。二条の条文のどちらにも「法律で定める」と書かれています。中央と地方の関係、地方と地方の関係はその都度変わってくるので、法律で定めようという話です。

フランス

これらの国とは違い、徹底した中央集権の国の例がフランスです。第三章でも記したように、フランス憲法には人権規定がありません。しかし、地域共同体についてはーつの条文にかなり詳しく書いてあります。第十二編が「地域共同体について」となっていて、第七十二条だけで六項あるのです。フランスはいまだに植民地があるので、植民地に関する規定もあります。

以上のように、いろいろなやり方がある中で、間違いなく言えるのは、今のところ「日本は連邦制ではない」という事実です。今後目指すかどうかは別として、少なくともそのような合意はありません。

中央と地方の関係を、日本のように憲法典がなかなか変わらない国柄の国で規定する意味は何なのだろうか。

地方自治を書くとしても、そもそも詳細に記す必要があるのでしょうか。

地方自治、地方分権といった場合に誰もが思いつくのが道州制なのですが、仮に今この瞬間、道州制を導入すれば何が起きるか。たとえば、北海道は札幌一極集中が現在進行形で起きています。では、九州が一つの州になったときに博多と沖縄の関係はどうなるのかといった問題が起きるでしょう。結局、今、東京一極集中だと言われるのですが、どうしてもその道、あるいは、州の中に中心的な都市が出てくるのは仕方がない。では、四国の場合なら、どこを中心にするのだという問題もあるわけです。北海道の札幌、九州の博多のような、一極集中が起きていないので、州の中心をどこに置くかで、間違いなく揉めるでしょう。たとえ、道州制になったとしても、いろいろなやり方があり、非常に技術的な話が出てくるわけです。果たして、それを憲法典に固定するのが相応しいのか。

もう一つ、平成初頭、道州制とともによく言われたのが〝廃県置藩〟です。明治維新に行われた廃藩置県の逆をやろうとの考えです。江戸時代は三百ぐらいの大名があって、実際はそんなになくて二百六十ぐらいなのですが、全国を三百ぐらいの自治体に割るのがちょうど良いのではないかとの発想です。

今のような、国→都道府県→市区町村ではなくて、いきなり国の下に三百の藩を復活させるのが良いとの議論があって、これをつまみ食いして、平成の大合併になりました。

平成初頭の議論でよく言われたのが、バス停一つを動かすのに、なぜ霞が関に通い詰めなければならないのか、という例です。フランスだと何の疑問も持たれず問題ではないとされるでしょうけれど。しかし、霞が関の官僚に権限が集中しすぎていて無駄が多すぎるとの批判があり、非自民政権が取り組もうとしましたが、その前に政権が潰れてしまいました。

道州制にせよ、廃県置藩にせよ、中央に仕事が集中しすぎていて、国防や外交など本来の国の仕事以外が多すぎるので、地方でできることは地方でやろうとの発想で飛び出した案です。

ただし、その後三十年。議論が煮詰まっているとは、とても思えませんが。

また、国と地方のありかたは、固定すべきでもなければ、全国一律であるべきとも思えません。憲法典で何かあるべき姿を固定化する話とは地方自治は別次元ではないだろうかということで、今回、私は草案の中に「地方行政」の章を入れていません。しかしながら、入れるべきだとの議論に一理あるのは認めています。

参考までに挙げます。

〈佐々木惣一憲法草案〉

第七章　自治

第九十条　国必要ヲ認ムルトキハ法律ノ定メタル地方団体其ノ他ノ団体ヲシテ其ノ名ニ於テ統治ニ任セシムルコトヲ得前項ノ自治団体ハ国ノ監督ヲ受ク

第九十一条　自治団体ノ事務ヲ決定スル者及之ヲ執行スル者ノ選任ハ当該自治団体ヲ構成スル者之ヲ行フ但シ法律ニ別段ノ定アル場合ハ此ノ限ニ在ラス

第九十二条　自治団体ノ構成組織権能責務其ノ他必要ナル事項ハ法律ヲ以テ之ヲ定ム

これは、日本国憲法改正作業のときに、近衛文麿に頼まれた佐々木惣一京大教授が新設した「自治」の章です。三条あって、極めて簡文な内容です。

中央と地方の関係を憲法典に書くことに関して、判断材料としていろいろ書きました。連邦制の国であれば、絶対に書いたほうが良いのですが、連邦制ではない日本では、私は書かないほうが良いのではないかなと思っています。

3　新旧憲法比較――会計／財政

地方自治は帝国憲法にありませんから比較できませんが、会計については比較できます。日本国憲法で今「財政」となっているところを、今後は「会計」として話を進めます。新旧の憲法の条文を比較して見ていきます。

日本国憲法
第七章　財政
第八十三条　国の財政を処理する権限は、国会の議決に基いて、これを行使しなければならない。

まず、日本国憲法第八十三条。これは「財政民主主義」と言われるもので、立派な内容が書いてある。しかし、社会保障が事実上の税と化している時点で、何の意味があるのでしょう。政府が国民の財産を取り上げるのに、議会を通さず額を上げることができます。アメリカだったら、武装蜂起ものです。財政民主主義など、もはや努力目標にすらなっていません。

確かに、増税するとき、あるいは新税を導入するときには国会の議決をしなければいけないのですが、増税にしても何にしても、そういうときに国民から税を取っていく人たちは必ず言い訳をします。「主権者である国民の皆さんの多数決によって決めていただいたのであって、我々はその決めていただいたことを実行しているにすぎません」と。これが言い訳になってしまうのです。

さらに言うと、安倍晋三という愚かな総理大臣は、「増税を延期する為に国政選挙を行い国民の信を問う」を二回もやってしまいました。しかも一回めは衆議院を解散した記者会見で、「代表無ければ課税なし」とアメリカ人が聞いたら失神するようなことを言ってしまいました。

アメリカ独立革命のスローガンである「代表無ければ課税なし」とは「増税したければ選挙で信を問え」の意味です。安倍元首相のように、実質的には財務省が決めた消費増税を延期するには、国民の支持を得なければならないと考えるのは、甚だしい勘違いです。

憲法典にきれいごとを書こうとする人は、民主主義は官僚支配の言い訳になるという一面を忘れがちです。

日本国憲法

第八十四条　あらたに租税を課し、又は現行の租税を変更するには、法律又は法律の定める条件によることを必要とする。

帝国憲法

第六章　会計

第六十二条　新ニ租税ヲ課シ及税率ヲ変更スルハ法律ヲ以テ之ヲ定ムヘシ
　但シ報償ニ属スル行政上ノ手数料及其ノ他ノ収納金ハ前項ノ限ニ在ラス
　国債ヲ起シ及予算ニ定メタルモノヲ除ク外国庫ノ負担トナルヘキ契約ヲ為スハ帝国議会ノ協賛ヲ経ヘシ

今の憲法の第八十四条。これは、新税を導入したり、増税したりするときには法律で行わなければならないと規定しています。
旧憲法では第六十二条第一項です。「新たに租税を課し」のところです。この旧憲法の「法律を以て定むべし」が、新憲法では「法律又は法律の定める条件によることを必要とする」と変わっています。
これは、「課税標準の変更や税の廃止なども全部、法律を要件とする」という意味で、旧憲法から改正されているところです。日本国憲法の第七章「財政」は改悪されている部分もあるのですが、こういったテクニカルなところで改正されているところもあるのです。

第八十五条　国費を支出し、又は国が債務を負担するには、国会の議決に基くことを必要とする。

日本国憲法第八十五条は国が借金するときの要件です。これは旧憲法第六十二条第三項「国債を起こし……」以降のところです。

非常にテクニカルな話なのですが、旧憲法では一つの条文だったものが、今の憲法では二つに分かれています。可能な限り、違う話は別に分けようという憲法の考え方からすれば、どんどん条文が増えていきます。では、一つの条文で運用できなかったのかというと、そんなことはありません。簡文憲法の立場であれば、一つの条文にまとめられるものはまとめておいたほうが良いと考えます。

帝国憲法

第六十四条　国家ノ歳出歳入ハ毎年予算ヲ以テ帝国議会ノ協賛ヲ経ヘシ

予算ノ款項ニ超過シ又ハ予算ノ外ニ生シタル支出アルトキハ後日帝国議会ノ承諾ヲ求ムルヲ要ス

日本国憲法

第八十六条　内閣は、毎会計年度の予算を作成し、国会に提出して、その審議を受け議決を経なければならない。

予算の規定です。細かいことですが、「毎年」を「毎会計年度」とより正確に改正しました。予算は国家の意思です。

帝国憲法でも日本国憲法でも、条文上は政府が作るのは「予算」であって「予算案」ではありません。議会は政府が作った「予算」を承認するだけです。

行政府と立法府が一体となっている議院内閣制においては、予算が一円でも修正されれば、それは内閣不信任案に近いものがある、否決などされれば内閣不信任案と同じものであると考えられる傾向があります。だから、政府は与党に造反させないのはもちろん、野党の修正にも滅多に応じません。財務省主計局が原案を作成し、そこに政治家が意向を盛り込むのが実際の予算審議と化しています。業界団体は与党政治家を通じて要求し、その利害調整が与党の役割と化している。そして国会はセレモニー。

行政府が作るものはあくまで「予算案」であって、選挙で選ばれた代表の集まりである立法府が認めてはじめて「予算」になるのだという考え方は、しっかりと盛り込むべきでしょう。

帝国憲法

第六十九条　避クヘカラサル予算ノ不足ヲ補フ為ニ又ハ予算ノ外ニ生シタル必要ノ費用ニ充ツル為ニ予備費ヲ設クヘシ

日本国憲法

第八十七条　予見し難い予算の不足に充てるため、国会の議決に基いて予備費を設け、内閣の責任でこれを支出することができる。

② すべて予備費の支出については、内閣は、事後に国会の承諾を得なければならない。

次に、日本国憲法第八十七条、これは予備費の規定です。これまた旧憲法第六十九条と比べると改正されています。

旧憲法第六十九条は単純に、どうしても足りないときのために予備費を作っておきなさいと書いてあるだけだったのですが、現憲法では責任の所在を明確にしています。そういう点で良くなっているところです。

帝国憲法

第六十六条 皇室経費ハ現在ノ定額ニ依リ毎年国庫ヨリ之ヲ支出シ将来増額ヲ要スル場合ヲ除ク外帝国議会ノ協賛ヲ要セス

日本国憲法

第八十八条 すべて皇室財産は、国に属する。すべて皇室の費用は、予算に計上して国会の議決を経なければならない。

これは旧憲法と比べると、はっきり改悪です。GHQの意思があからさまに入っているところです。

帝国憲法は、皇室財産を増やすときは税金から出すので、選挙で選ばれた議会の同意がなければそれはできない。しかし、それ以外のときに皇室財産にとやかく言うなという内容なのです。それに対して今は財産面から皇室を締め上げようとする悪意が明確にあります。

日本国憲法
第八十九条　公金その他の公の財産は、宗教上の組織若しくは団体の使用、便益若しくは維持のため、又は公の支配に属しない慈善、教育若しくは博愛の事業に対し、これを支出し、又はその利用に供してはならない。

典型的な欠陥条文として真っ先に挙げられるのが、この日本国憲法第八十九条です。旧憲法にはなかった規定です。これは英語で読まなければよくわからないと言われる典型的な条文です。原文は、組織が institution で団体が association です。

要するに、元が税金のカネは私立の団体に渡してはいけない、という内容です。

では、私学助成金はどうなるのかということで、小泉純一郎さんが最初に自民党総裁選に出たときに、憲法改正の議論に第九条から入ると揉めるので後回しにして、この第八十九条を「誰がどう見てもこれはおかしい条文だから真っ先にこれを変えましょう」と言ったことがあります。ただ憲法学界の多数説は、「これは全然問題ない」です。「誰が」の中に憲法学者は入らないようです。

この第八十九条は最も語るに値しない、他国の憲法にはなく日本国憲法にしかない条文であり、〝余計なことを書くものではない〟の典型です。

日本国憲法

第九十条　国の収入支出の決算は、すべて毎年会計検査院がこれを検査し、内閣は、次の年度に、その検査報告とともに、これを国会に提出しなければならない。

②　会計検査院の組織及び権限は、法律でこれを定める。

帝国憲法

第七十二条　国家ノ歳出歳入ノ決算ハ会計検査院之ヲ検査確定シ政府ハ其ノ検査報告ト倶ニ之ヲ帝国議会ニ提出スヘシ

会計検査院ノ組織及職権ハ法律ヲ以テ之ヲ定ム

現憲法第九十条と旧憲法第七十二条とに会計検査院の規定があるのですが、読みようによっては、日本は〝四権分立〟の国です。

〝税金の使い道のチェックは大事だ〟と、公の、〝四権〟に等しい権限を与えているはずの存在が会計検査院です。会計検査院はそもそも憲法上の機関です。実態が違いすぎますが。モノの本には「幕藩体制の譜代」とまで書かれています（神一行『大蔵官僚』講談社文庫、一九八六年、五三〜五八頁）。
この会計検査院は憲法に書かなくても良いのですが、日本国憲法にあったのを改正のときになくせば、ますます実態がなくなる。外す行為自体が実態になってしまうので、残したほうが良いかなと思います。

日本国憲法
第九十一条　内閣は、国会及び国民に対し、定期に、少くとも毎年一回、国の財政状況について報告しなければならない。

内閣は毎年、報告しなければならないので、当然、決算しなければならないのです。しかし本当に決算委員会に関して語るのは空しくなります。何年前の決算をやっているのですか。年によって変わりますが、決算委員会で議論されて翌年の予算に何かが反映されることはありません。もはや、残すこと自体が恥ずかしい条文です。

帝国憲法

第六十五条　予算ハ前ニ衆議院ニ提出スヘシ

旧憲法の第六十五条は予算先議権です。「会計」にあるよりも「国会」の章に移すべきです。

帝国憲法
第六十三条　現行ノ租税ハ更ニ法律ヲ以テ之ヲ改メサル限ハ旧ニ依リ之ヲ徴収ス

帝国憲法の第六十三条は現行の租税は法律で改めない限り昔の通りやれと、これは事実上、経過規定です。というのは、帝国憲法ができる以前から取っていた税というのがあるので、それに対する規定なので、不要です。

帝国憲法
第六十四条　国家ノ歳出歳入ハ毎年予算ヲ以テ帝国議会ノ協賛ヲ経ヘシ
予算ノ款項ニ超過シ又ハ予算ノ外ニ生シタル支出アルトキハ後日帝国議会ノ承諾ヲ求ムルヲ要ス

第六十四条第二項の超過予算の規定は日本国憲法では削られております。

帝国憲法
第六十七条　憲法上ノ大権ニ基ツケル既定ノ歳出及法律ノ結果ニ由リ又ハ法律上政府ノ義務ニ属スル歳出ハ政府ノ同意ナクシテ帝国議会之ヲ廃除シ又ハ削減スルコトヲ得ス

第六十七条、これは日本国憲法で削って良かったかなと思います。要するに、〝政府が削られたくない予算は、これは大権に関わることなので議会が勝手に削ってはいけませんよ〟と、官僚が天皇の名前で民意を無視することができる条文なので、こんなものは確かになくて良かろうということです。

帝国憲法
第六十八条　特別ノ須要ニ因リ政府ハ予メ年限ヲ定メ継続費トシテ帝国議会ノ協賛ヲ求ムルコトヲ得

旧憲法の第六十八条は継続費についてです。これは後で草案のところで話します。

帝国憲法

第七十条　公共ノ安全ヲ保持スル為緊急ノ需用アル場合ニ於テ内外ノ情形ニ因リ政府ハ帝国議会ヲ召集スルコト能ハサルトキハ勅令ニ依リ財政上必要ノ処分ヲ為スコトヲ得
前項ノ場合ニ於テハ次ノ会期ニ於テ帝国議会ニ提出シ其ノ承諾ヲ求ムルヲ要ス

第七十条は緊急財政処分といって、緊急事態条項です。これは自民党や産経新聞の案などでは入っています。つまり、緊急事態にお金はどうするのだということです。議会が開けない場合、政府がお金を使えなかったら、意味がないではないかという話なのですが、この意味も草案のところで話します。

帝国憲法
第七十一条　帝国議会ニ於テ予算ヲ議定セス又ハ予算成立ニ至ラサルトキハ政府ハ前年度ノ予算ヲ施行スヘシ

第七十一条は、かなり政治的判断に関わるところです。
これがあったので憲法が停止せずに済んだ条文です。第一回議会に限って前年度予算がないので、山縣有朋《やまがたありとも》首相はあらん限りの謀略を尽くして衆議院の一部を買収し、予算を通しました。以後、予算が成立しない事態はあり得なくなりました。

極めて実務的なことをいうと、一月に通常国会を召集して、総理大臣が所信表明演説だけをして、野党に反対演説させる前に解散というのをやっていました。今だと一月に解散などやったら予算審議はどうするのだとなりますが、昔は前年度予算を執行できるので、総理大臣の解散権の幅が実質的に広がるのです。

ちなみに、日本国憲法の場合は三月に不信任案が通ってしまった「バカヤロー解散」のとき、暫定予算を組むなど、いろいろ大変でした。

この条文があると、総理大臣はやりやすいです。ただ、議会が予算を可決しない場合は、増額は絶対にできないので困ることが多く、逆に言えば無駄を削らなければいけないところもそのまま使えてしまうといった弊害も当然あるわけです。

また、可決しなくて良いとなった場合、何よりも議員のモラルが低下するのではないかという懸念も出ると思います。国会であれば、予算が可決されないと、さすがにマスコミが報道して、日本中に注目されるので問題はないのですが、地方議会でこれをやってしまうと大変だろうなと思います。誰も注目しないので何年も議会を開かず、質問する人もいないといった議会が地方にありますから。地方議会では、絶対にこれをやってはいけないと思うのですが、国会ではいかがだろうかと。かなり難しい問題です。

日本国憲法の中でも特に「財政」を専門としている方を私は三人ぐらいしか知らないのですが、その中で宮澤俊義の弟子の小嶋和司《こじまかずし》という人は大家です。その小嶋先生の本を読むと「そこは議会の良識に任せる」と書いてあって、日本国憲法の欠陥であることを認めているのです。ただ、あえて欠陥を残すことで憲法習律を作る、という考え方も無くはありません。

帝国憲法の場合は、議会側に良識などというものはまったく期待していなくて、前年度予算執行という例を残したわけです。

では、小嶋先生のような良識を戦後政治家は持ったか。民主党政権の最後の一年は、政府崩壊寸前となりました。民主党政権は参議院で過半数を持たないねじれ国会で、衆議院でも三分の二の多数を持っていません。予算には衆議院の優越がありますが、法律にはありません。予算は通りましたが、特例公債法案が通らなかったので、予算の半分を構成するいわゆる赤字国債を出せず、秋には国公立大学教員の給料遅払いなどが始まっていました。その結果、当時の野田佳彦内閣は野党自民党が要求する解散総選挙を呑み退陣、その前の年も菅直人《かんなおと》内閣が特例公債法を通す条件で退陣しました。今は特例公債法を毎年通さなくて良くなりましたが。

アメリカなどでは、平気で予算が議会を通らないので、大統領府の職員がいなくなって、官邸が真っ暗になり、クリントン大統領と実習生だったモニカ・ルインスキーがどうのこうのみたいなスキャンダルが起きるわけですが、日本人には首相官邸に警備員がいなくなるなどは耐えられないでしょう。

4　自由主義憲法草案　条文解説

ここからは、以上をふまえた上で、自由主義憲法草案を解説します。簡文憲法を心がけて、かなりまとめました。

第七章　会計

第四十五条　新たに租税を課し、又は現行の租税を変更するには、法律でこれを定めなければならない。

2　国費を支出し、又は国が債務を負担するには、国会の議決に基くことを必要とする。

今の憲法のように、二つの条文に分けず、一つにまとめたのが第四十五条です。

租税法律主義と国債の要件です。つまり、税金を取るときも借金をするときも国会の議決、すなわち、選挙で選ばれた人がお金の使い道を決めるということです。仮に見出しを付けるとすれば、ここは「財政民主主義」になるのかもしれません。

第四十六条　国家の歳出及び歳入については、毎会計年度、予算をもって国会の議決を経なければ

ばならない。
2　予算には、避けることができない予算の不足を補うため、又は予算外に生じた必要な支出に充てるため、予備費を設けなくてはならない。
3　すべて予備費の支出については、事後に国会の承認を求めなければならない。
4　複数年度にわたる事業等特別の必要がある場合には、内閣は、あらかじめ年限を定め、継続費として国会の議決を求めることができる。
5　国会で予算案が審議されず、又は否決された場合には、内閣は、前年度の予算を執行することができる。

第四十六条は、これは片っ端からまとめられるものはまとめておきました。見出しをつけるとしたら、「予算」となるでしょう。

新旧憲法の比較をして、旧憲法から改正されているところはそのまま生かしている条文です。

第一項は、毎会計年度予算を議会が決めなければならないということで、旧憲法第六十四条第一項が現憲法第八十六条で「毎会計年度」となったのを生かしています。

第二項は、予備費の規定です。旧憲法第六十九条にあったもので、現憲法第八十七条に当たります。

第三項は、超過予算の話です。旧憲法第六十四条第二項にあたります。

第四項は複数年度予算を前提として会計の改善を前提にした継続費です。これは帝国憲法第六十八条にはあるのですが、今の憲法に書かれていません。なぜなら、今は複数年度予算を前提としていないからです。

今の日本国の予算は本当に〝巨大大福帳〟なのです。大福帳といって悪ければ、お小遣い帳です。だから「借金があるのはけしからん」とか「歳入の分しか使ってはいけません」などという話になりかねないのです。予算をそのまま一円単位で使い切らなければ、来年から減らすというのは、まともな会計の複式簿記の考え方ならあり得ない話です。

確かに今は余らせたかもしれないけれども、減価償却の考え方をしていれば、目の前に現金があったとしても、好きに使って良いお金ではなくて、何年後かに必ず消えていくお金ですよというのは、いくら大福帳の考え方でも、長期計画が立っていればわかるはずです。

貯めておかなければ、あるいは、増えていかなければ、減っているのと同じなのだというのが、会計の考え方です。「財政法に健全財政を書いているからけしからん」と言う人がいますが、そういう問題ではありません。帝国憲法の時代、予算は大福帳なのだけれども、長期計画を考えていた複式簿記の考え方でした。

ところが、今の憲法典では複式簿記的な思考がごっそり抜け落ちているのです。だから「財政」ではなくて、「会計」という章にしたところもあります。これを第四十六条の第二、第三、第四項で入れました。

これも今の世界的な憲法学の多数派の考え方であれば、それぞれ別の条文にしろなどと言われるのを百も承知で、一つにまとめておきました。

そして、第五項。これは最も政治的判断が問われる、前年度予算執行に関するところです。今の憲法は予算が可決されなかった場合の規定は何も考えていません。実際に日本国憲法の運用で予算が成立しないという危機が何度もあったのに、それで良いのでしょうか。それでは、暫定予算を永遠に組み続けなければいけないのです。

危機に備えておく必要はあります。

第四十七条　皇室経費のうち内廷の経費に限り、現在決まっている額を毎年国庫から支出する。

2　皇室経費を増やす場合には、国会の同意を必要とする。ただし、その場合以外においては、国会はこれに関与してはならない。

第四十七条は要するに、皇室財産を認めようということです。徹底的に今の皇室はお金を削られています。皇室の全財産が、アラブの王様のお小遣いほどもないのです。イギリス王室は巨額の財産を持っているので、それが一つの力になっています。

そして現憲法第八十八条自体が皇室を滅ぼそうとする改悪規定であるので、自由主義憲法草案ではこういう内容にしたのです。

こういう条文にすると、内廷の経費の定義がどういうものなのかということで、下位法を作らなければなりません。憲法典の条文としてはこれくらいで良いかなと思います。

第四十八条　公共の安全を確保するために緊急の必要があり、かつ、国会が閉会し、又は休会して開けない場合には、内閣は、緊急政令によって会計上の必要な措置を執ることができる。なお、緊急政令によって会計上の必要な措置を執る場合においては、参議院常置委員会の同意を得ることを必要とする。

2　前項の規定により会計上の措置を執った場合に、同項の措置について、次の国会の会期において国会の同意を求めることを必要とする。

第四十八条は、緊急財政処分の現代版です。

枢密院の機能を参議院の常置委員会に残すという案の、お金の裏付けがこの案になります。帝国憲法の場合は貴衆両院があって、それも開けないときは枢密院の同意で内閣が自由に行動できるのだけれども、関東大震災のように内閣ぐらいしか集まれないときの正当性は天皇であるとなっていました。

つまり、貴族院、衆議院、枢密院、内閣、天皇と五段構えになっていました。「いざというときでも政府が、権力を持っている人がやりたい放題やって良いわけではないですよ。但し、裁量は認めますが」という規定になっています。これに対して、緊急事態条項がないのにコロナ禍でやってしまったのですが、議会が開けるのに開かず、内閣に丸投げしてしまって、よくわからない状態になっている。そういう事態を想定するわけです。それをやった場合は、次に議会を開くときに承認を得なければいけないのは、枢密院といっしょです。

今回の自由主義憲法草案の場合は、必ずしも全員が選挙で選ばれたとは限りませんが、要は、政治家がいざというときに国民のために動けるようにしておく仕組み、日銀が非協力だった場合のことを含めて、このような条項はやはりあったほうが良いかなと思います。

管理通貨制であっても、中央銀行は独立しているので、緊急事態においてはこういうものが必要であろうと考えます。

第四十九条　国家の歳出及び歳入の決算は、会計検査院が検査確定し、内閣は、その検査報告とともに、これを国会に提出しなければならない。

2　会計検査院の組織及び職権は、法律でこれを定める。

第四十九条は会計検査院の話です。会計検査院を憲法機関から外《はず》すのはかなり勇気が要るのもありますが、一応、残しておいたほうが良いかなというところで、残しました。

第七章「会計」に関しては、かなりテクニカルなところが多く、テクニカルなところに政治的意思があり、日本国憲法を作る際に、明らかに日本側が改正したところと、明らかに悪意によって改悪されたところがあるので、それを見分けながら作ったのが、以上のようなところです。

終　章　改正と典憲体制

いよいよ最終章です。

日本国憲法の第九章が「改正」、第十章が「最高法規」、そして最終章となる第十一章は「補則」です。

第十一章の内容は単なる経過規定で、本文に入れる必要がないので、今回は検討しません。

1　改正

ここで、日本国憲法と大日本帝国憲法の改正規定を比べて見ましょう。

日本国憲法
第九十六条　この憲法の改正は、各議院の総議員の三分の二以上の賛成で、国会が、これを発議し、国民に提案してその承認を経なければならない。この承認には、特別の国民投票又は国会の定める選挙の際行はれる投票において、その過半数の賛成を必要とする。
②　憲法改正について前項の承認を経たときは、天皇は、国民の名で、この憲法と一体を成すものとして、直ちにこれを公布する。

帝国憲法

第七十三条　将来此ノ憲法ノ条項ヲ改正スルノ必要アルトキハ勅命ヲ以テ議案ヲ帝国議会ノ議ニ付スヘシ
此ノ場合ニ於テ両議院ハ各々其ノ総員三分ノ二以上出席スルニ非サレハ議事ヲ開クコトヲ得ス出席議員三分ノ二以上ノ多数ヲ得ルニ非サレハ改正ノ議決ヲ為スコトヲ得ス

よく、日本国憲法は改正手続きが厳しすぎるので要件を緩和しようとの主張を聞くのですが、両院の三分の二の多数が求められるのは、帝国憲法も同じです。帝国憲法の場合は、「勅命を以て」とあるので枢密院への諮詢も必要ですので、現行憲法よりも厳しいのです。

帝国憲法は余計なことを書かない簡文憲法ですから、当時の人たちは改正の必要を認めなかったのです。

たとえば、帝国憲法のどこにも、男女平等とも不平等とも書いていませんでした。ただし、初期の民法は、女性の人間としての権利を認めていないに等しい状態でした。やがて法改正され、判例が蓄積されるにつれ、男女平等に近づける努力がなされていきました。これが後に大正デモクラシーと言われます。もっとも昭和の戦時体制で女性の権利どころか、国民の権利そのものが蔑ろにされていきましたが。

よく帝国憲法の欠陥として統帥権の独立が言われるのですが、条文上の欠陥ではありません。昭和の戦争に負けたのは統帥権の独立のせいにされますが、同じ条文で日清日露戦争に大勝しています。別に統帥権の独立のせいで負けた訳でもありません。逆に、統帥権の独立のおかげで勝った訳でもありませんが。

帝国憲法は余計なことを書いていないのですから、「おかげ」も「せい」もないのです。徹頭徹尾、運用の問題です。

さて、憲法の改正手続きが通常の法律よりも厳しい憲法を硬性憲法と言うのですが、イギリス以外のすべての国が硬性憲法です。イギリスだけは軟性憲法です。

イギリスが憲政の母国でありながら、他の国が真似できないような運用をしている話は、既に詳述しました。改正に絞って言うと、そもそも「イギリス憲法」のようなまとまった統一的憲法典がありません。それでいて「憲法的法律」と呼ばれる、憲法として扱われる法律があります。最近でも、保守党が自民党と連立を組むときに議会法を改正して、首相の解散権を封印しました。議会法は法律なので改正手続きは他の手続きと同じですが、憲法改正に当たります。キャメロン首相の時代に再改正して、再び首相の解散権を解禁しました。

時の政治状況に応じて柔軟に対応できるよう改正手続きが厳しくない軟性憲法なのですが、憲法的法律や慣習（憲法習律）を変えるのは容易ではありません。むしろ普通の国の憲法改正より難しいくらいです。なぜなら、イギリス人は憲法的法律や憲法習律に権威を認めているからです。これを法律用語で、「法的確信が強い」と言います。

2　最高法規と典憲体制

日本国憲法第十章「最高法規」を並べておきます。

第十章　最高法規

第九十七条　この憲法が日本国民に保障する基本的人権は、人類の多年にわたる自由獲得の努力の成果であつて、これらの権利は、過去幾多の試錬に堪へ、現在及び将来の国民に対し、侵すことのできない永久の権利として信託されたものである。

第九十八条　この憲法は、国の最高法規であつて、その条規に反する法律、命令、詔勅及び国務に関するその他の行為の全部又は一部は、その効力を有しない。

② 日本国が締結した条約及び確立された国際法規は、これを誠実に遵守することを必要とする。

第九十九条　天皇又は摂政及び国務大臣、国会議員、裁判官その他の公務員は、この憲法を尊重し擁護する義務を負ふ。

要約していきます。

第九十七条は、「人権は永遠に不滅です」です。第十一条と重複するので不要です。別に人権規定を削るから人権侵害になるのではありません。第三章で何度も強調しましたが、人権カタログを並べることと本当にその人権を守ることとは、まったく違います。

第九十八条は、第一項が「憲法は最高の法です」で、第二項が「条約と国際法を守ります」です。「では、憲法と国際法のどっちが上だ」との論争は、憲法学者と国際法学者の神学論争になっています。

条約を結ぶのは憲法によって規定された政府なので、条約より憲法は上です。そのように認めない人もいますが。そもそも、日本国憲法の上に日米安保条約があるのでは、と思いたくなるような運用をしてきました。宮澤俊義さんなどは、死ぬまで条約優位説でしたが、そういう現実を踏まえてのことでしょう。今では条約優位説は聞かなくなりましたが。

では、確立した国際法は破れるのか。第二章をおさらいしてほしいのですが、「あらゆる国家に軍隊を持つ権利がある」のような確立された国際法を否定できるのか。現実の政策として軍隊を持たないという選択をするのとは違います。

なお、憲法に違反する法令の扱いですが、現実の運用は第六章で見ました。結局のところ、判例次第なのです。

第九十九条は、「政府関係者はこの憲法を守りましょう」です。当たり前すぎて、書く必要がありません。それどころか、「閣僚が憲法改正集会に参加するのはけしからん」と何度も問題になりました。「改正規定を守って改正しよう」とする集会に参加するのは、憲法尊重擁護義務に反するはずがないのですが、「反する」と強弁する護憲派マスコミと野党が政治家を糾弾する材料に使ってしまいました。そういう運用を招くような条文は不要です。

次に、帝国憲法の「最高法規」に当たる部分です。補則の部分にあります。

帝国憲法

第七十四条　皇室典範ノ改正ハ帝国議会ノ議ヲ経ルヲ要セス
　皇室典範ヲ以テ此ノ憲法ノ条規ヲ変更スルコトヲ得ス

第七十五条　憲法及皇室典範ハ摂政ヲ置クノ間之ヲ変更スルコトヲ得ス

第七十六条　法律規則命令又ハ何等ノ名称ヲ用ヰタルニ拘ラス此ノ憲法ニ矛盾セサル現行ノ法令ハ総テ遵由ノ効力ヲ有ス
　歳出上政府ノ義務ニ係ル現在ノ契約又ハ命令ハ総テ第六十七条ノ例ニ依ル

後ろから行きます。

第七十六条は、帝国憲法施行以前の法令と予算の取り扱いです。

第七十五条は、現在となっては不要でしょう。当時でも不要でしたから。

問題は、第七十四条です。皇室の家法が「皇室典範」で、国家の最高法が憲法であり、両者が干渉しないで支え合う体制を、「典憲体制」と言います。現在の「皇室典範」が憲法の下に置かれているのと違い、明治の典範は帝国憲法と対等の存在でした。

この違いは何か。帝国憲法下では明確に、時の権力者の意向や一時の多数決で皇室の伝統を作り変えることを許さないのに対し、現行憲法では国会に多数を持つ権力者の意向で何をやってもよいと捉えられかねない条文となっていることです。

事実、内閣法制局の有権解釈は、「憲法＞国会の定めた皇室典範＞皇室の伝統」です。そういう解釈ができてしまうと、国家体制の安定性を欠きます。

自由主義憲法が日本人の手による自主憲法であるには、帝国憲法第七十四条の「典憲体制」の復活が不可欠です。

3　自由主義憲法草案　条文解説

では条文の解説です。

第八章　改正

第五十条　この憲法を改正する必要があるときは、内閣総理大臣は憲法改正案の原案を国会に提出しなければならない。この場合において、衆議院及び参議院は、それぞれその総議員の五分の三以上が出席していなければ、憲法改正案の原案についての議事を開くことができない。
2　憲法改正案は、衆議院及び参議院の、それぞれの出席議員の五分の三以上をもって、国会がこれを発議し、国民に提案しなければならない。
3　国会が発議した憲法改正案は、国民投票により有効投票総数の過半数の賛成を得られた場合に成立する。
4　天皇は、国会が発議し、国民投票で過半数の賛成を得た憲法改正を、公布する。
第五十一条　皇室典範の改正は、国会の議決を必要としない。
2　憲法に反する内容の皇室典範を定めることはできない。

第五十条第一項は発案に関してです。今の憲法では「政府に発案権があるのかないのか」で学説が分かれているのですが、「結局は両院で三分の二の多数を持っていなければ意味がない」で終わっています。とはいうものの、いざ改正となれば政府が実務を行わねばなりません。

この憲法は議院内閣制を想定していますから、首相は過半数の支持を得ているはずであり、改憲ができるとなると必ず与党が賛成していることになります。そもそも、総理大臣が反対している改憲案が通るはずがないので、ならば発案権を認めておきました。

改正要件は、三分の二より緩和しつつ、硬性憲法として単なる過半数以上の数字として、五分の三としました。

国民投票の手続き、天皇の儀礼的な権能は残しました。

第五十一条は、典憲体制の復活です。独立を回復した直後から多くの「自主憲法」案が生まれ、今でも多くの改憲案が提案されています。では、その中でいくつの案に、この典憲体制の復活が盛り込まれているか。この意義は既に説明しましたので、現行の日本国憲法、そして他の改憲案と比較してもらえればと思います。


なんとか十七の倍数になりました。「五十一条憲法」と呼んでいただいても結構です。

日本国憲法の通説と実務を検証し、帝国憲法と憲法以前の我が国のあり方をふまえ、外国法との比較を心がけました。

日本国憲法の改正手続きに従い、自主憲法つまり日本人自身の憲法であり、かつ自由主義憲法ができる、と示したつもりです。

真の憲法論議が喚起されることを祈り、筆をおきます。

跋

はじめまして。参議院議員の浜田聡です。第二十五回参議院議員選挙で（繰り上げという形でしたが）当選、現在は参議院の会派「ＮＨＫから国民を守る党」の代表を務めています。議員活動は、令和元年から始めています。最初は一人、現在でも二人の会派ですが、少数派でもできることは何でもやろうとの気持ちで、多くのことに取り組んできました。

本書は「はじめに」に書かれているように、日頃からお世話になっている救国シンクタンク理事長兼所長で憲政史家の倉山満さんに、「独自の憲法案を持っておきたい」とお願いして作成したものです。「倉山塾弁護士会」の皆さんとともに、朝早くから私の議員会館の事務所にお越しいただいて、熱心に講義と討議をしていただきました。二週間に一度、全九回に及び、出来上がった草案を参議院法制局にも検討してもらい、最終的に出来上がったのが、本書です。

このような真の憲法論議を聞かせていただき、私の多くの議員活動にも役立てることができましたので、その一端を披瀝したいと思います。議論の根拠は、本文該当部分をお読みください。

一　憲法第七条の誤植について

日本国憲法第七条第四号の「総」の一文字は誤植です。この点について総務大臣（松本剛明氏）にお訊きしたところ、「全国すべての場所で行われる選挙の意味」との答弁をいただきました。これは総務省ウェブサイトの解説と矛盾しますが、それを見るまでもなく誤りです。衆議院は「総選挙」であるのに対し、参議院は「通常選挙」と呼んでいますから、総務大臣の答弁が本当ならば参議院も総選挙と呼ばねばおかしいので。

憲法改正を行うなら、国民にわかりやすい部分から始めるべきではないかと問題提起をしました。

二　憲法第二十四条の改正について

仮に同性婚を認めるとするなら憲法第二十四条の改正が必要ではないかと、法務大臣（齋藤健氏）にお訊きしたところ、結論こそ「お答えするのは困難」としつつも、「憲法では想定していない」との答弁をいただきました。事実上、私の主張を認めております。

同性婚を求めるなら、憲法審査会で審議拒否をして議論を停滞させるべきではなく、むしろ同性婚を求める方こそ積極的に改憲論議を喚起すべきではないかと、議論を促しました。

三　LGBTと共産党について

LGBTの方々の権利についてG7各国を引き合いに出すのであれば、共産党を非合法化しているることをどう考えるのか。特に政党法が無い我が国では、ドイツの「戦う民主主義」を参考にすべきではないかと国会で問題提起をしました。

日本共産党からは抗議が来ましたが、反論したところ、謝罪の必要なしとの結論になりました。私の主眼は、政党は私的な団体かもしれないけれども、政権を目指し、いずれ担う可能性がある以上、党運営の透明性が必要なのではないかとのところにあります。

四　憲法第五十三条の不備について

衆参いずれかの四分の一の要求があれば臨時国会を開かねばならないのに、政府は開きたくないときは開いていません。憲法典の条文に期限が書いていないので、開かなくて良いとの解釈に政府は立っています。これは第七条の誤植修正とともに、そもそも自民党の改憲案にも書かれていることなのですが。

国民民主党は「憲法典の改正で行うべき」との立場ですが、立憲民主党と日本維新の会は国会法の改正で行うべきと、法案も提出しています。

私も憲法改正ができないなら、国会法の改正で行うべきとの立場です。

国会で議論が喚起されているのは、喜ばしいことと考えています。

五　帝国憲法に基づいた憲法論議を

私が最初に国会で「帝国憲法に基づいた議論を行うべきだ」と言った時は、ギョッとされたものです。

本書でも何度も強調されていますが、今までの改憲論議は、日本国憲法の条文を変えるか変えないかの憲法典論議に終始してきました。国会の憲法審査会に至っては開かれない時期も長く、開かれても「国民投票の期間の広告のありかた」のような、憲法改正の中身と関係のない議論ばかりでした。

それがここ数年は中身の議論も行われるようになり、緊急事態への対処の参考として帝国憲法下の事例も議論されています。

隔世の感です。

六　皇位継承問題に関する意見書

令和四年に政府は皇位継承問題に関し提言書を国会に報告、両院議長から各会派に意見書を出すように促されていたにもかかわらず、議論は完全に停滞していました。

本年一月十八日、ＮＨＫ党として意見書を提出。その後、有志の会・立憲民主党・国民民主党・

公明党が次々と意見書を提出、大事な問題で口火を切れたと自負しております。

我が会派の意見書は、倉山満先生の『皇室論』（ワニブックス、令和五年）を大いに参考にさせていただきました。


日本国憲法は制定から約八十年、誤植も含めて一文字も変わっていません。何より、憲法典論議に終始してきました。何が問題かというと、憲法論議が行われてこなかったのです。

今回、「自由主義憲法」の草案作成作業を通じて、真の憲法論議とは何かを学ばせていただきました。これからの私の仕事は、真の憲法論議を広げていくことです。

たった一人でも、やれることはやってきました。そして数年前とは違う環境になってきました。

国民全体の議論に広がった時、日本人の多くの人が、日本とは何か、自由とは何か、生活を守るとは何か、について考えるのではないかと思います。

令和六年五月三日

参議院議員　浜田聡

著者紹介

倉山 満（くらやま・みつる）

昭和48（1973）年香川県生まれ。憲政史研究者。中央大学大学院文学研究科日本史学専攻博士後期課程単位取得満期退学。国士舘大学日本政教研究所などを経て、現在は倉山塾塾長。ネット放送局「チャンネルくらら」主宰。

主な著書に、『誰が殺した？ 日本国憲法！』（講談社）、『帝国憲法の真実』「嘘だらけ」シリーズ（扶桑社新書）、『帝国憲法物語』（PHP研究所）、『ウェストファリア体制——天才グロティウスに学ぶ「人殺し」と平和の法』『ウッドロー・ウィルソン——全世界を不幸にした大悪魔』（PHP新書）、『日本国憲法を改正できない8つの理由』（PHP文庫）、『検証 検察庁の近現代史』『検証 内閣法制局の近現代史』（光文社新書）、『右も左も誤解だらけの立憲主義』（徳間書店）、『本当は怖ろしい日本国憲法』（ビジネス社）、『倉山満の憲法九条——政府も学者もぶった斬り！』（ハート出版）、『決定版 皇室論——日本の歴史を守る方法』（ワニブックス）など。

自由主義憲法《じゆうしゅぎけんぽう》——草案《そうあん》と義解《ぎげ》

令和6（2024）年5月30日　初版第1刷発行©

著　者　倉山　満

発行者　藤原良雄

発行所　株式会社　藤原書店

〒162-0041　東京都新宿区早稲田鶴巻町523
電　話　03（5272）0301
FAX　03（5272）0450
振　替　00160-4-17013
info@fujiwara-shoten.co.jp

印刷・製本　精文堂印刷

落丁本・乱丁本はお取替えいたします
定価はカバーに表示してあります

Printed in Japan
ISBN978-4-86578-424-4

公共と公益の精神

後藤新平と五人の実業家

渋沢栄一・益田孝・安田善次郎・大倉喜八郎・浅野総一郎
後藤新平研究会編著
序＝由井常彦

"内憂外患"の時代、「公共・公益」の精神で、共働して社会を作り上げた六人の男の人生の物語！　二十世紀初頭から一九二〇年代にかけて、日本は、世界にどう向き合い、どう闘ってきたか。

Ａ５並製　二四〇頁　**二五〇〇円**
（二〇一九年七月刊）
◇978-4-86578-236-3

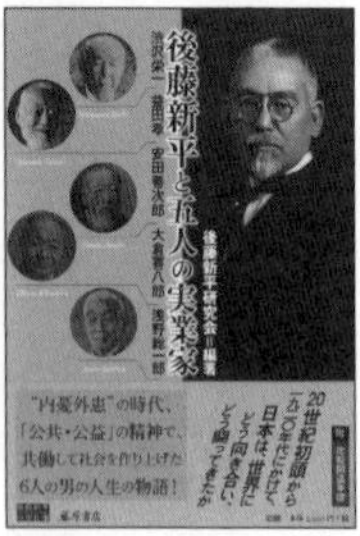

「第二次世界大戦」を予言！

国難来《こくなんきたる》

後藤新平
鈴木一策編＝解説

時代の先覚者・後藤新平は、関東大震災から半年後、東北帝国大学学生を前に、「第二次世界大戦を直観」した講演『国難来』を行なった！　「国難を国難として気づかず、漫然と太平楽を歌っている国民的神経衰弱こそ、もっとも恐るべき国難である」――今われわれは後藤新平から何を学べばよいのか？

附・世界比較史年表（1914-1926）

Ｂ６変上製　一九二頁　**一八〇〇円**
（二〇一九年八月刊）
◇978-4-86578-239-4

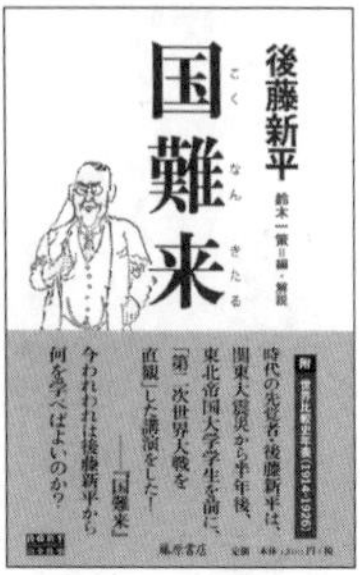

第一次大戦前夜の世界を「鎧を着けた平和」と喝破

後藤新平の『劇曲　平和』

後藤新平　案・平木白星　稿
後藤新平研究会編
解説＝加藤陽子　特別寄稿＝出久根達郎

後藤新平が逓信大臣の時の部下で、『明星』同人の詩人でもあった平木白星に語り下した本作で、第一次大戦前夜の世界情勢は"鎧を着けた平和"と喝破する驚くべき台詞を吐かせる。欧米列強の角逐が高まる同時代世界を見据えた後藤が、真に訴えたかったこととは何か？

カラー口絵四頁
Ｂ６変上製　二〇〇頁　**二七〇〇円**
（二〇二〇年八月刊）
◇978-4-86578-281-3

後藤新平の遺言

政治の倫理化

後藤新平
後藤新平研究会編
解説＝新保祐司

日本初の普通選挙を目前に控え、脳溢血に倒れた後藤新平。その二カ月後、生命を賭して始めた「政治の倫理化」運動。一九二六年四月二十日、第一声として、「決意の根本と思想の核心」を、未来を担う若者たちに向けて自ら語った名講演が、今甦る！　一九二七年四月十六日の講演記録『政治倫理化運動の一周年』も収録。

口絵四頁
Ｂ６変上製　二八〇頁　**二二〇〇円**
（二〇二一年三月刊）
◇978-4-86578-308-7

大義を四海に布かんのみ

小説 横井小楠

小島英記

来るべき世界の指針を明示し、近代日本の礎となる「公共」思想を提言。幕末の志士の勝海舟、吉田松陰、坂本龍馬らに影響を与え、龍馬の「船中八策」や、「五箇条の御誓文」に範を示した徹底的な理想主義者ながら、大酒を呑み、時には失敗。揺るぎない信念と情熱と不思議な魅力をもった人間・横井小楠を大胆に描く歴史小説。

［附］略年譜／参考文献／系図／事項・人名索引

四六上製　六一六頁　**三六〇〇円**
（二〇一一年二月刊）
◇978-4-89434-907-0

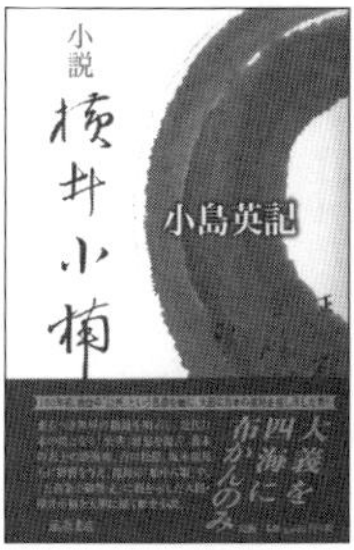

公共と交易の視座から新しい国家像を提示！

評伝 横井小楠 〈未来を紡ぐ人 1809–1869〉

小島英記

「おれは、今までに恐ろしいものを二人みた。それは横井小楠と西郷南洲だ」（勝海舟）

「日本に仁義の大道を起こさねばならない。強国になるのではない。強国があれば必ず弱国が生まれ、侵略するからだ。この道を明らかにして世界の世話焼きにならねばならぬ」（横井小楠）

四六上製　三三六頁　**二八〇〇円**
（二〇一八年六月刊）
◇978-4-86578-178-6

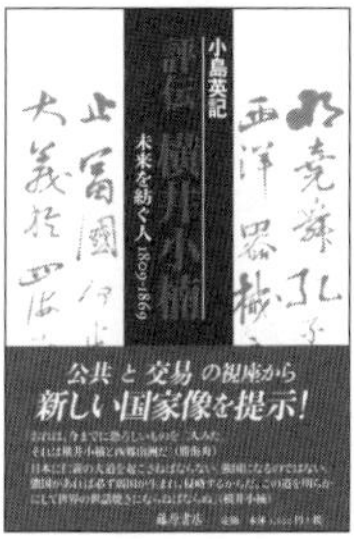

名著の誉れ高い長英評伝の決定版

評伝 高野長英 1804-50

鶴見俊輔

江戸後期、シーボルトに医学・蘭学を学ぶも、幕府の弾圧を受け身を隠していた高野長英。彼は、鎖国に安住する日本において、開国の世界史的必然性を看破した先覚者であった。文書、聞き書き、現地調査を駆使し、実証と伝承の境界線上に新しい高野長英像を描いた、第一級の評伝。

四六上製　四二四頁　**口絵四頁**　**三三〇〇円**
（二〇〇七年一一月刊）
◇978-4-89434-600-0

総理にも動じなかった日本一の豪傑知事

安場保和伝 1835-99 〈豪傑・無私の政治家〉

安場保吉編

「横井小楠の唯一の弟子」（勝海舟）として、鉄道・治水・産業育成など、近代国家としての国内基盤の整備に尽力、後藤新平の才能を見出した安場保和。気鋭の近代史研究者たちが各地の資料から、明治国家を足元から支えた知られざる傑物の全体像に初めて迫る画期作！

四六上製　四六四頁　**五六〇〇円**
（二〇〇六年四月刊）
◇978-4-89434-510-2

"世界史"の中で清朝を問い直す

別冊『環』⑯
清朝とは何か
岡田英弘編

〈インタビュー〉清朝とは何か　岡田英弘

I **清朝とは何か**
宮脇淳子／岡田英弘／杉山清彦／岩井茂樹／M・エリオット(楠木賢道編訳)ほか

II **清朝の支配体制**
杉山清彦／村上信明／宮脇淳子／山口瑞鳳／柳澤明／鈴木真／上田裕之ほか

III **支配体制の外側から見た清朝**
岸本美緒／楠木賢道／渡辺美季／中村和之／渡辺純成／杉山清彦／宮脇淳子ほか

清朝史関連年表ほか　カラー口絵二頁

菊大判　三三六頁　**三八〇〇円**
(二〇〇九年五月刊)
◇978-4-89434-682-6

"岡田史学"の精髄

モンゴル帝国から大清帝国へ
岡田英弘

漢文史料のみならず満洲語、モンゴル語、チベット語を駆使し、モンゴル帝国から大清帝国（十三〜十八世紀）に至る北アジア全体の歴史を初めて構築した唯一の歴史学者の貴重な諸論文を集成した、初の本格的論文集。

［解説］「岡田英弘の学問」宮脇淳子

A5上製　五六〇頁　**八四〇〇円**
(二〇一〇年一一月刊)
◇978-4-89434-772-4

"岡田史学"の全貌！　約四〇名の熱論

モンゴルから世界史を問い直す
岡田英弘編

十三世紀モンゴル帝国から始まったとする"新しい世界史"を提示。従来の歴史学を、根本的に問い直す！

アトウッド／エリオット／岡田茂弘／川田順造／菅野裕臣／カンピ／木村汎／日下公人／楠木賢道／倉山満／クルーガー／ケルナー＝ハインケレ／黄文雄／斎藤純男／志茂碩敏／新保祐司／杉山清彦／鈴木一策／田中克彦／田中英道／鄭欽仁／ディ・コスモ／西尾幹二／パン／樋口康一／福島香織／古田博司／フレルバータル／ボイコヴァ／間野英二／三浦雅士／ミザーヴ／宮崎正弘／宮脇淳子／ムンフツェツェグ／山口瑞鳳／湯山明／楊海英／渡部昇一

四六上製　三七六頁　**三二〇〇円**
(二〇一六年一一月刊)
◇978-4-86578-100-7

断面から学際的探究の土俵をつくる

別冊『環』㉗
1937年の世界史
倉山満・宮脇淳子編

■総論　倉山満
■各論　宮脇淳子（満洲、モンゴル）／樋泉克夫（中国）／福井義高（ソ連）／グレンコ・アンドリー（東欧）／小野義典（ハンガリー）／宮田昌明（イギリス）／ポール・ド・ラクビビエ（フランス）／柏原竜一（ドイツ）／峯崎恭輔（バチカン、イタリア）／内藤陽介（スペイン、メキシコ）／江崎道朗（アメリカ）／内藤陽介（パレスチナ）
■関連年表（1815-2022）／人名索引

菊大並製　二〇八頁　**二八〇〇円**
（二〇二二年九月刊）
◇978-4-86578-349-0

来る時代を切り拓く、自治・自立の思想

リバタリアンとは何か
江崎道朗・渡瀬裕哉・倉山満・宮脇淳子

自分のことは（国ではなく）自分でやった方が効率的だ！　自由意志を有するはずの個人が国家に依存し、合理性を欠いて迷走する現代日本人が知らないアメリカ発〝リバタリアン〟の思想を徹底討論！　新型コロナ流行で〝個人〟が規制される現代人の必読書！

B6変上製　二八八頁　**二〇〇〇円**
（二〇二一年一月刊）
◇978-4-86578-333-9

世界史から、昭和12年を問い直す

昭和12年とは何か
宮脇淳子／倉山満／藤岡信勝

昭和十二（一九三七）年――盧溝橋事件、通州事件、上海事変、正定事件、南京事件が起き、支那事変（日中戦争）が始まった、日本にとって運命の年である。この前後を切り口に、常識とされているあらゆることを見直す。第二次世界大戦を目前に控えた昭和十二年を、世界史の中で俯瞰、専門領域を超えた研究者たちと交流し、歴史の真実を追究する。

四六変上製　二六四頁　**二二〇〇円**
（二〇一八年一〇月刊）
◇978-4-86578-194-6

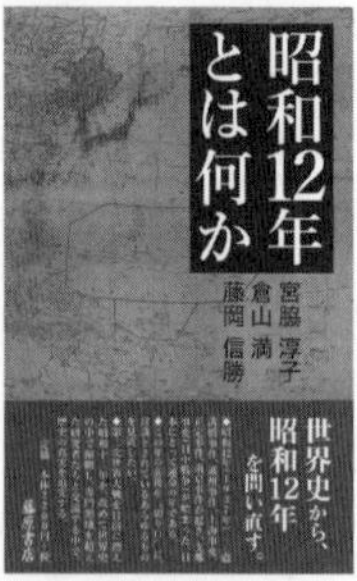

後藤新平の政治的・思想的遺書！

国家とは何か
後藤新平
楠木賢道＝編・解説

関東大震災以後の『国難来』（1924.4）、『政治の倫理化』（1926.9）に続く、最後の書下し遺書、原題『道徳国家と政治倫理』（1927.12）の現代語訳版。全国的に「政治の倫理化」運動を展開した後藤は、最後に、国家には道徳が、政治には倫理が不可欠なものであることを示す。現在まで続く日本の病理を洞察した書。

四六変上製　二〇八頁　**二五〇〇円**
（二〇二一年九月刊）
◇978-4-86578-325-4